觉悟的生活
星云大师讲《心经》

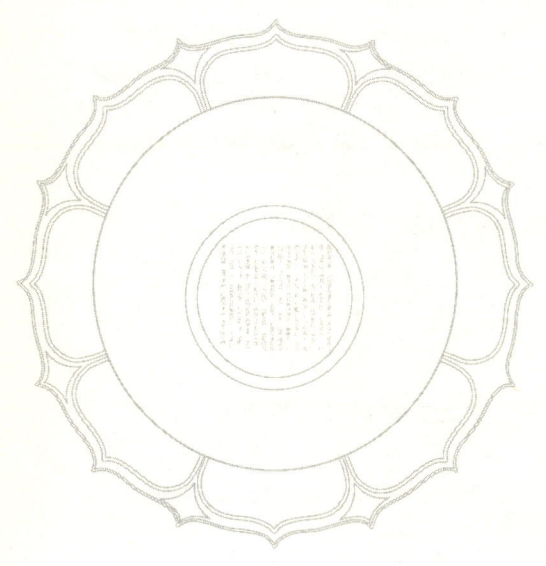

星云大师·著

湖南文艺出版社
HUNAN LITERATURE AND ART PUBLISHING HOUSE

图书在版编目（CIP）数据

觉悟的生活：星云大师讲《心经》/星云大师著. —长沙：湖南文艺出版社，2010.12
ISBN 978-7-5404-4678-9

Ⅰ.①觉… Ⅱ.①星… Ⅲ.①心经—通俗读物
Ⅳ.① B942.1-49

中国版本图书馆 CIP 数据核字（2010）第 218380 号

©中南博集天卷文化传媒有限公司。本书版权受法律保护。未经权利人许可，任何人不得以任何方式使用本书包括正文、插图、封面、版式等任何部分内容，违者将受到法律制裁。

本书版权由"上海大觉文化传播有限公司"授权

上架建议：心理励志·佛学常识

觉悟的生活：星云大师讲《心经》

作　　者：星云大师
出 版 人：刘清华
责任编辑：唐　明　张　璐
整体监制：刘　丹
特约编辑：程军川
版式设计：风　筝
封面设计：尚书堂
出版发行：湖南文艺出版社
　　　　　（长沙市雨花区东二环一段 508 号　邮编：410014）
网　　址：www.hnwy.net
印　　刷：三河市鑫金马印装有限公司
经　　销：新华书店
开　　本：787×1092　1/16
字　　数：100 千字
印　　张：12.5
版　　次：2011 年 1 月第 1 版
印　　次：2014 年 4 月第 8 次印刷
书　　号：ISBN 978-7-5404-4678-9
定　　价：26.00 元

（若有质量问题，请致电质量监督电话：010-84409925）

《般若心经》全文

　　观自在菩萨，行深般若波罗蜜多时，照见五蕴皆空，度一切苦厄。舍利子，色不异空，空不异色；色即是空，空即是色，受想行识亦复如是。舍利子，是诸法空相，不生不灭，不垢不净，不增不减。是故空中无色，无受想行识，无眼耳鼻舌身意，无色声香味触法；无眼界，乃至无意识界；无无明，亦无无明尽，乃至无老死，亦无老死尽；无苦集灭道，无智亦无得，以无所得故，菩提萨埵，依般若波罗蜜多故，心无罣碍，无罣碍故，无有恐怖，远离颠倒梦想，究竟涅槃。三世诸佛，依般若波罗蜜多故，得阿耨多罗三藐三菩提。故知般若波罗蜜多，是大神咒，是大明咒，是无上咒，是无等等咒，能除一切苦，真实不虚。故说般若波罗蜜多咒，即说咒曰：揭谛揭谛，波罗揭谛，波罗僧揭谛，菩提萨婆诃。

智亦無得以無所得故菩
提薩埵依般若波羅蜜多
故心無罣礙無罣礙故無
有恐怖遠離顛倒夢想究
竟涅槃三世諸佛依般若
波羅蜜多故得阿耨多羅
三藐三菩提故知般若波
羅蜜多是大神咒是大明
咒是無上咒是無等等咒
能除一切苦真實不虛故
說般若波羅蜜多咒即說
咒曰揭諦揭諦波羅揭諦
波羅僧揭諦菩提薩婆訶

佛光山 星雲

般若波羅蜜多心經

觀自在菩薩行深般若波羅蜜多時照見五蘊皆空度一切苦厄舍利子色不異空空不異色色即是空空即是色受想行識亦復如是舍利子是諸法空相不生不滅不垢不淨不增不減是故空中無色無受想行識無眼耳鼻舌身意無色聲香味觸法無眼界乃至無意識界無無明亦無無明盡乃至無老死亦無老死盡無苦集滅道無

星云大师手书的《般若波罗蜜多心经》

目录
Contents

003 《般若心经》全文

009 序言 人间大自在

013 【上卷】了解般若与心

- **014** 摩诃：大、多、胜
- **015** 般若：超越知识与智慧
- **034** 波罗蜜多：从此岸渡到彼岸
- **044** 心经：心的道路
- **056** 关于《心经》的译者玄奘大师

061 【下卷】透过故事读《心经》

- **062** 自在最难得
- **111** 因缘如花开花谢
- **131** 无我的状态
- **139** 超越身心的限制
- **150** 没有烦恼的人生
- **163** "真空"才得"妙有"
- **170** "无"最快乐
- **181** 心的大自由

195 附录 《心经》关键词

序言

人间大自在

星云大师

  我们经常听人说"人身难得,佛法难闻",仔细想来,一点也不错;所以我们能够既得人身又闻佛法,其实是非常幸运的。佛经浩瀚似海,我们一般最常听闻的正是《般若心经》,也简称《心经》。

  《般若心经》在佛法里究竟占有什么样的地位呢?

  在佛教的三藏十二部经典里,《华严经》有"经中之王"的称誉,共有八十卷。其实,比《华严经》更长的一部经称为《大般若经》,有六百卷。六百卷的《大般若经》,不容易一一深入研究。所幸有《般若心经》,是佛经里经文最短的一部,只有二百六十个字,可是它却代表了六百卷的《大般若经》,所以《般若心经》正是《大般若经》的中心和宗要。

"般若"二字，在佛法里面是非常重要的。我们经常听到，佛陀为一大事因缘来到人间，他"说法四十九年，谈经三百余会"，在这四十九年的说法当中，有二十二年，接近一半的时间都在讲说《大般若经》，可见"般若"的重要。

《般若心经》是一部什么样的经典呢？

《阿弥陀经》是一部描述阿弥陀佛极乐净土殊胜庄严的经典；《维摩诘经》是藉由维摩诘居士证得的境界，来阐扬大乘菩萨道；《般若心经》讲的则是每一个人最切身紧要的一部经，要认识自己，就要用《般若心经》。我们听过很多道理，拥有很多常识，但曾深入了解"讲自己的经"吗？曾深入了解自己的心吗？

我们看到世间的众生，猫狗要吃肉，鸡鸭要吃米，牛马要吃草，人当然也要吃饭。不同的是，牛和马除了吃草之外就没有别的要求了，而人除了吃以外，还有思想和见解。

所以，人在吃饭，可是各人吃出的味道都不一样。拿喝茶来说，不会喝茶的人感觉到茶好苦，会喝茶的人却是早晚非来点茶不可。人间之事，譬如饮茶，有人好苦，有人好甘；有人恓惶，有人却无比自在！

般若就是让我们在这个人间更自在的法门！吃

饭有了般若，饭的味道就不一样；睡觉有了般若，睡觉的味道就不一样。大家都在求功名富贵，但是有了般若，即使是求功名富贵，境界、看法也会不一样。有了般若，人的生活、思想、境界都会跟着改观。有了般若，不要说证悟到般若可以成佛作祖，哪怕有一点般若的气息，人生的情况就会改变。

我不想讲深奥的妙理，我只想传达般若如何运用在我们的生活之中。般若可以改善我们的生活，提升我们的思想，净化我们的人生境界。有一首诗说："平常一样窗前月，才有梅花便不同。"平常时，我们每天看月亮，看惯了就不觉得它有什么特别，但有了梅花点缀，意境就不一样了。所以说，一样的生活，有了般若就有不同的体会。佛法应该和我们的生活、人生结合在一起。我想让人理解《般若心经》，理解之后，吃饭、睡觉、穿衣、教育儿女、到社会工作，都能用得着、很好用，那么，这个佛法才是大家所需要的。

佛法对现世人生的帮助，属"入世法"的范畴。人活在世间终不免三苦八难，遇到挫折与风浪时，如果没有般若作舟，沉浮其中焉能自在？因此以《般若心经》为智慧之母，时时以心念护持，反身观照自我，自然在行住坐卧之间，身心自在轻安，处处结得善缘、佛缘，得到修行的大方便、大利益。

除此之外，般若同时也是解脱之法、常乐之法，包含在佛法的"出世法"中。在世间没有永恒不变的快乐，没有永远盛开的花朵，人的生老病死无可避免，事物的生住异灭、成住坏空都无法逃避，只有觅得生命永恒的归宿，出离短暂变异的世间，才能真正离苦得乐，到达极乐世界。在这个意义上，解脱之法是究竟的佛法。

玄奘大师西行取经之时，也曾得观世音菩萨化身指点，在遭遇险阻时诵念《般若心经》，得到诸佛菩萨的护持，屡屡化险为夷，绝处逢生。禅宗六祖惠能大师也有言："何其自性，本自清净；何其自性，本不生灭；何其自性，本自具足；何其自性，本无动摇；何其自性，能生万法。"意思就是，证道之后，他终于知道自己的本性是什么了。而惠能大师能证得自性本不生灭、圆满具足的存在，般若的指引功不可没，所以说"般若是诸佛之母"。

《般若心经》是为观世音菩萨所述修行般若的心法概要。有了它作为修行般若波罗蜜的总纲要，或者"去一分无明，证一分法身"，或者"直指本心，见性成佛"，或渐或顿，依此真修实证。人生在苦海中的航行，就有了般若作为灯塔的指引，终能解脱成佛，远离轮回之苦，到达极乐的彼岸。

因此在现代社会，能有一卷《般若心经》，深解其义，不管在世间或出世间，信受活用，真是胜过一切法宝！

【上卷】
了解般若与心

《般若心经》的全名是《佛说摩诃般若波罗蜜多心经》。"佛说",意味着经典都是佛说的,不过现在有一些外道的经典也假借"佛说",所以伪经很多,看的人要用般若的智慧去辨别。上卷就把经的题目分成"摩诃"、"般若"、"波罗蜜多"、"心经"来一一解说。

摩诃：大、多、胜

"摩诃"（mó hē）是什么意思？佛教唱诵的许多赞偈①里，像"炉香赞"，最后三称是"南无香云盖菩萨摩诃萨"，所谓"摩诃"共有三个意思。

一、是"大"的意思。"摩诃萨"就是大菩萨。那么《摩诃般若波罗蜜多心经》就是《大般若波罗蜜多心经》，也就是《大般若经》。

二、是"多"的意思，亦即丰富的意思，表示这部经里有好多的功德。

三、是"胜"的意思。《般若波罗蜜多心经》是很伟大、殊胜、甚深的一部经，可以说是佛教的纲要。《般若心经》包含了《般若经》的思想，以它来代表大乘佛教的思想，是很殊胜、特别的法门。

---

①：佛教的赞偈除了炉香赞以外，戒定真香赞、宝鼎赞等，最后三称也都是"南无香云盖菩萨摩诃萨"。

般若：超越知识与智慧

"般若"，这两个字与我们有很重要的关系。这两个字一般会念作"bān ruò"，但是我们要叫"bō rě"。"般若"是音译，在梵文里面叫作"bō rě"，所以不可把它的音改了。

"般若"究竟是什么？

释迦牟尼佛还没有出家时的名字叫作"悉达多"，那么悉达多的母亲是谁？大家都知道是摩耶夫人，摩耶夫人就是悉达多太子的母亲，净饭大王的王妃。那么我要继续再问：佛陀的母亲是谁？

佛陀的母亲是"般若"。

我们可从经典里面的一句话"般若为三世诸佛之母"来说起。所谓"三世诸佛"，人怎么会成佛？是什么把佛生出来了？佛是般若生的，至于人能不能成佛，就看有没有般若了。那么般若究竟是谁？般若不用到外面去求，也不是另有一个母亲，其实人人都有般若。

般若是什么？般若就是我们的本来面目，就是真我。现在的我是假我，真我是般若，我们人人都有一个真理般若。人所以愚痴、愚昧，就是因为不能认识般若，不能认识自己的本来面目。现在我们读《般若心经》，就是为了认识自己，找到自己回家的道路，把每一个人自己的本源探究出来。

我们一般说，般若不就是智慧吗？不错，梵文的"般若"用中国的字来说明是"智慧"，但是智慧不能代表般若，只能勉强地说般若是智慧。现在为了说明般若，我分几段来厘清，第一段讲般若与智慧有什么不同。

般若与智慧有何不同？

一、般若是绝对的善

智慧有时候有善有恶，而般若绝对是善的。科学家制造电话，让我们在几千里以外就可以和别人通话；制造电视，让几千里外的人就可以看到表演；制造冰箱、冷气、电脑，让人类的生活更为便利，诸如此类，科学家的智慧真是了不起。但是，科学家制造的许多科技文明，例如飞机，若是用来运输还好，如果是用来作战就不好了。甚至于摩托车、汽车的发明，有利益我们之处，也有害于我们之处。所以，科学所带来的文明是有利有弊的，而般若的智慧则是对我们有利而无害。

二、般若是不可说的

"般若"是不可说，无法说的，就是说也说不清楚、说不明白。等于瞎子摸象，一个瞎子摸到象的耳朵就说了："你们知道大象像什么吗？我知道了，像芭蕉扇。"又一个瞎子摸到大象的鼻子，他说："不是，不是，不像芭蕉扇，大象像什么？像个钩子，可以勾东西。"另外一个瞎子摸到象的尾巴："你们说的都不对，大象像什么？像个扫把。"还有一个瞎子摸到象的腿："你们都不对，大象像什么？像根柱子。"

大象像什么？虽然他们都说对了一部分，但却不是大象的全貌。整头大象的形貌究竟如何？要开智慧的眼睛一看，才会知道大象是什么样子。般若能打开智慧之眼，让人认识宇宙人生究竟是什么样子。没有般若就等于是盲人摸象，只能对这个世间的枝末、局部作猜测，对整个宇宙人生不能全然了解。

般若是不可说的。比方眼盲的人问："月亮像什么？"你回答说："月亮有光，它的光像蜡烛。"那么眼盲的人看不到月亮，就来触摸蜡烛："哦！我知道了！月亮像什么？月亮长长的。"你告诉他："不是呀，不是长长的。"那月亮像什么？你再说："像盘子一样。"他又摸摸盘子："哦！月亮像什么？盘子摸起来冷冰冰的，所以月亮是冷的。"因为他没有看到月亮，因此只能分别猜想月亮的样子，但那却无以涵盖全貌。

眼盲的人不知颜色差别，你告诉他白色就像百合一样。那么，把百合朝他面前一摆，一摸，百合动了一下，他就说："哦！我知道什么是白颜色了，白颜色是会动的。"你说："不是呀！白颜色像白雪一样。"他摸一摸白雪："哎呀！好冷。"你再问他："白色是什么？"他会说："是冷的。"但都不对。

我们众生都是用各人的成见与见解去分别、认识这个世界。也可以说，平常讲的智慧是从心外去认识世间，而般若则是从心内来认识世界。般若是往心内去探求，不是向心外去寻找。

三、般若是禅

般若如同禅一样。禅有禅机，禅机在哪里？到处都有，因缘到了，机缘成熟了，就像音乐一开，啊！突然间就开悟了。

般若也是一样。过去有一首流行歌曲这样唱：

"蔷薇蔷薇处处开，蔷薇蔷薇处处在。"那么我们现在改过来说："般若之花处处开，般若之花处处在。"般若的光到处都在，人若不懂，天天跟他讲般若，他还是弄不清什么是般若。

禅宗六祖惠能大师曾集合门下弟子，召开一次众会。六祖大师说："我有一个谜语给你们猜一猜，看哪一个猜对了。"于是大家便认真地听六祖说："我有一物，无头无尾，无背无面，无名无字，你们说是什么东西？"六祖座下有一个很年轻很聪明的首座弟子，名叫神会，他说："我知道，这是诸佛之本源、众生之佛性。"意思就是，这个东西不好用什么名称来说。

六祖大师一听，说道："我跟你讲没有名没有字，你偏要说本源，偏要说佛性。假如你将来有办法，顶多也只是做一个宗教里的知识分子，不是宗教里的一个大修行家。为什么？你从知识上来认识，从分别上来认识，没有从无分别的智慧来认识；你从分别的智慧来说明，没有从无分别的般若来说明。"

我常有一个感觉：是佛法的，有时候不是佛法；不是佛法的反而是佛法——关键就看你有没有般若。比方我们穿着袈裟念经拜佛，样子是在拜佛，但是心里面却妄想纷飞，那么是佛法的也不是佛法了。我行布施救济，不过心里贪心，希望人家感谢，觉得自己很荣耀、很了不起，那么布施本是佛法，也变成不是佛法了。

又例如禅宗公案里，老师打学生，师父打徒弟，打人虽不是佛法，但是一打，他认错了，"我错了，我改过，我忏悔"，那么打人也是佛法。骂人不是佛法，但有时大声一喝，他警觉到"我错了"，回头向善了，那么骂人也是佛法。

我们看到历代禅宗的祖师，他们对学习者的教育有时候是违反伦常的。在禅宗语录里可以看到，有时师父跟徒弟讲话，徒弟上去就是一拳，而师父还哈哈大笑；笑过后，又给他两个耳光，徒弟又再拿个棍子打师父。我们看到，心里可能很吃惊：这成什么寺院？成什么体统？成什么师徒？可是他们在那儿打架，打的却都是佛法，那是最微妙的教育、最微妙的禅机，那是禅宗的"棒喝"教育。

要了解般若，不能用一般的观念来理解，因为般若不是常识、知识；用常识、知识来测量般若的样子是测不出来的。因此，如何透露般若的气息，般若究竟是什么样子，是要透过真修实证，才能获得的。

般若，不能把它翻译成"智慧"，因为智慧有时是错的，知识是靠不住的；因为知识会害病，"知"识一害病，就变成愚"痴"了。俗话说："聪明反被聪明误。"所以，聪明、智慧是不可依赖的。

过去有一个长老名叫会觉老法师，我记得有

一次在开学的时候，身为院长的他对着好多青年学生说："你们要知道我有一个个性，我最讨厌聪明的人。"这句话耐人寻味。现在的父母都希望儿女聪明，都希望儿女考试成绩好，但这有时候是错误的，光是聪明是不够的。贪官污吏、做坏事的人往往很聪明，我们要设法使他在聪明以外还要有德性，也就是要有般若。

用儒家的三达德"智、仁、勇"来说，般若是大智慧，是智；般若是大慈悲，是仁；般若是大菩提，是勇。把智、仁、勇合在一起，把智慧、慈悲、菩提加起来，就叫作般若。

般若的大智慧，不是认识虚假的外在，不是偏见邪见，而是要认识宇宙人生的真相。

怎么样才能认识真相呢？

举例说，一个老婆婆经常到寺院拜佛，有一天她起得早，天还没亮就拜佛去了，走在寺院的丹墀里，一不小心踩到了一个东西。"不得了，我踩死了一只青蛙！我来拜佛是为了求功德，今天反而踩死了一只青蛙，罪过呀！"回家后，老婆婆天天不忘自己踩死了一只青蛙，"罪过呀！罪过呀！怎么办？"她心里郁结想不开，去找寺里的师父替青蛙超度，替她消灾解冤仇。

当她来到客堂，向知客师说明时，知客师先是惊讶："什么？你怎么在我院子里踩死青蛙，在哪里呀？""我带你去看。"一看之下，原来不是青蛙，是个茄子，老婆婆心里头的阴影、罪业、冤仇顿时通通都没有了。

所以，大智慧就是要去认识真实的情形。不认识真实的样子，就给外在的是非假相迷惑了，自己也就变得患得患失。人要有修养，要有不为苦乐所动的大慈悲。行慈悲，不是为了什么目的，别人对我好与不好都没关系，不需要别人来称赞我、来说我好话。

日本有一位有名的诗人曾说："你们知道宇宙有多高吗？宇宙只有五尺高。在五尺高的宇宙里要容下我们的六尺之躯，怎么办？只有低下头来。"所以，我们在宇宙之间生活，要养成仁爱心，养成大慈悲心，从谦虚、忍耐里把自己扩大到无限，人格才能养成。还要懂得般若。般若是人间最微妙、最巧妙的生存之道、处世之道。有了般若智慧，就能看破、放下，什么都不计较，什么都不在乎。

般若不是消极的，般若是非常积极的，是大勇猛的大菩提。什么是大勇猛？就是对止恶向善，对断除烦恼、趋向解脱之道有很大的勇敢。

般若与智慧有什么不同？以佛法来说，般若是"胜义智"，智慧是"世俗智"。不过，要认识胜义智的般若，还是要从世俗的智慧开始。如何认识这个无分无别的般若，也是要从有分别的智慧慢慢学。

般若的种类

般若有几种？我认为可从"文字般若"、"观照般若"、"实相般若"三个方面认识。

一、文字般若

什么叫作文字般若？譬如有人要找地方搭捷运，旁边的人远远看到捷运的标志，用手指一下，他就知道了，那么这个符号就是般若，就是文字般若。凡是一个符号，无论它是文字、绘画、雕刻……能给人认识某一件东西的，都属于文字般若。

二、观照般若

什么叫作观照般若？般若没有观照，就不能认识事物的内在。所以，东西不是光在相上认识，还要去观照。

举一个例子说，麻绳，麻它本来不是绳子，可是把麻捻成绳子，就可以用来打水，可以捆包袱，但你看到绳子就会想到这是麻。不过有的人他不会去观察麻的功用，不知道它能做成绳子来捆包袱、吊桶子、绑东西，不认识这是麻，还把一条绳子当成了蛇。

把绳子看成是蛇的很多，把树看成是鬼的人也多得很。"有一个鬼，我亲眼看到的。""在哪个里面？"走近一看，不是，是棵树。

像中国历史上有一个"杯弓蛇影"的故事。一个客人到朋友家吃酒,看到酒杯里面有一个黑影,心里就想:那个黑影是什么?谈话中,那个朋友拿起酒杯:"请!"这么一吃,黑影没有了,客人心里害怕起来:"不得了,刚才这个酒杯里好像有一条小蛇,我把它喝到肚子里面了。"

当时他觉得要对朋友说出事实显得没有礼貌,也就没有说。不过回家后,他却一直不放心,老想着:"糟了!我今天吃了一条蛇。"由于他每天想着肚子里有蛇,看什么医生也看不好,天天委靡不振,就真的生病了。

后来朋友知道了,觉得奇怪:"到我家来喝酒喝到蛇,我家怎么有蛇呢?"有一天,他也同样坐在那个位子上喝酒,看到酒杯里的影子,他终于懂了,原来那是墙上一张弓映照下来的影子。于是他又再邀请那个客人来喝酒,这回客人不肯来,不过最后在他再三的邀请下,不得已还是来了。

这一次,他还是给客人坐在原位。因为他知道靠讲没有用,还是要让他看到事实的真相。当客人坐在那儿吃酒时,又一次看到影子:"哎呀!不得了,这是一条蛇。""哪里?""你看!你看!""不是!"于是主人把墙上的弓拿下来,酒杯里的影子也跟着消失了。这就说明,心虽然是虚妄的,而虚妄心却也有很大的力量。

佛教讲"三界唯心，万法唯识"，心的力量是很大的。过去有人为了试验心的力量究竟有多大，到牢狱里面找了一个被判处死刑的囚犯，告诉他："你要死了，要被砍头了，砍头好辛苦，好凄惨哦！我现在有一个好办法帮助你。我是一个医生，我只要用针筒慢慢把你的血液往外面抽，就能让你一点都不痛苦地死去。你是愿意被砍头呢，还是愿意不知不觉地死呢？"

"当然是愿意不知不觉地死。"

"好。你躺在这里不动，拿被单盖起来。"于是他替囚犯打了一针，并且在床的旁边弄了一个自来水管，让它不断地发出"滴、滴、滴"的声音。他不时地在囚犯耳朵边上讲："不得了，你的血流了好多，痛苦不痛苦？""不痛苦。""你听到滴血的声音吗？你听，一滴一滴，血都流走了。"这样过了一段时间，囚犯真的死了，不过他身上的血一滴都没有流出来。

这就是心的力量。这还只是虚妄心，不是般若心，般若心比虚妄心有更大的力量。虚妄心尚且能以假为真，假如换作是观照般若，必定会对宇宙世间认识得更清楚。

三、实相般若

实相般若，由文字而观照，由观照而实相，实相就是真实的样子。我们不知道宇宙人生的样子，就是不知道真实的样子，也就是看不出实相是什么。

举个例子，桌子是什么？在我们的常识里面，怎么会不认识？这是桌子。但是我说："你说错了，这个不是桌子。桌子只是一个假相，它的真实样子是木材，木材做成窗子就是窗子，做成椅子就是椅子，做成梁柱就是梁柱，木材才是真实的样子，你说的桌子是假相。"不过，你这么一听，我再问这是什么，你会说这是木材。错了，木材也是假相。那它是什么？它是大树，树木是木材真实的样子。那么再问你：这个是什么？大树。错了！这不是大树。这是什么？这是种子、土壤、肥料、水分、阳光、空气，众缘和合所成。所以，实相是什么样子？众缘和合。你要认识"缘"，才能知道它的真实来源、真实的样子，认识到它的根本、其本来面目。

人人都有一个本来面目，或说真心、佛心、实相、般若、法身，看起来名称很多，实际上意义只是一个。例如，这是个房子，房子是假相，它真实的实相是由土、水泥、石子、沙、木材、人工等和合而成。

我们的内在都具备有一个真实的佛性，其中有很大的功德。只是这个真我，往往我们自己不知道、不认识。这是什么？这是花，那是衣服、手巾、茶杯、书，这个人是张三，那个人是李四，我们认识了很多的假相,但是我们不能认识无相。无相才是实相,有相都是假相。《金刚经》里说:"凡所有相,皆是虚妄。"

有一个故事,太太向丈夫说:"今天难得我们两个都在家,就拿点酒来喝吧!我们缸里酿制的酒大概快好了。"于是丈夫就到地窖里拿酒。酒缸盖子一打开,丈夫忍不住无明火起:"你这个不要脸的女人,原来你趁我不在家的时候,在酒缸里面藏了一个男人!"

太太直喊:"冤枉,没有男人啊!"丈夫不信,说:"有,我明明看到酒缸里有个男人。""好,我到酒缸里去看。"太太一看,更是怒火中烧:"你这个没有心肝的东西,你在酒缸里面藏了一个女人,怎么还说我藏了一个男人!"

两个人就在那里吵起架来。这时候,来了一个外道婆罗门,刚巧要来看这两个徒弟,发现两人在吵架。太太说:"师父,我先生在酒缸里面藏了一个女人。"丈夫说:"师父呀,我太太在酒缸里面藏了男人。"

这个婆罗门听了,就往酒缸里一看,这一看,不得了:"你们两个真不是东西,已经拜我做师父了,怎么另外又找一个师父回来呢?我不管你们的事情了!"他生气地走了。外道同样不能认识真相,而两个夫妻还是继续吵架。

后来一个出家比丘经过,正在吵架的夫妻俩于是请比丘来为他们评理。比丘一看酒缸:"原来是这样!"于是他拿起一块大石头对准酒缸砸去,把缸打破了,酒便流了出来。这时候,男人也没有了,女人也没有了,两人才知道原来这是假相，是不实在的，是错误的认识。

所以，佛法要从无相里认识实相，因为有相都是假相。

什么是无相？所谓"虚空无相"，虚空是什么样子呢？世间，任何东西都是虚空的样子。譬如这个长方形的房子里也有虚空，虚空因为房子是长方形的，所以它就是长方形的。茶杯里面也有虚空，虚空因为茶杯是圆形的，所以它就是圆形的。因此，虚空是无所相、无所不相。

因为无相所以无所不相，无所不相就是实相。执著就是假相，无相就是不执著，也就是实相。

般若的体相用

一、般若的相

般若本来只有一个，何必把它分成文字般若、观照般若、实相般若呢？这是为了分别般若的层次："正见"是凡夫的般若，"缘起"是声闻、缘觉二乘圣者的般若，"空"是菩萨的般若，"般若"是佛的般若。最高的般若要到佛的境界才有。

所以什么是般若？正见是般若，缘起是般若，空是般若，般若当然是般若。

凡夫的般若是初级的般若，就是要具有正见。例如一般人为了买股票，会买一大堆礼品到寺庙里去拜拜，祈求佛祖能让他赚大钱。明天涨停板了，赶紧买水果来礼拜，感谢佛祖保佑；跌停板了，就不肯再买水果、鲜花来拜。往往只是凭自己一时之见，对很多事情没有一个公平、平等的看法。其实，人人都要知道，经济上有经济上的因果，要正见因果的理则，不可以认知错误，错乱因果。

所谓"正见"，就是不管如何，我向道的信心都不被破坏，信仰都不会动摇。

二、般若的体

能有正见，就是拥有凡夫的般若智慧；能认识缘起，就是拥有小乘圣者的般若；能认识空，更是不简单了，要到大乘菩萨的阶段才能认识；而真正的般若，则是佛才能懂得。

好比学生读书，小学读历史，中学读历史，大学也读历史。般若的证悟也是一样的，在佛教修行的层次里，证悟是一步一步来的。文字般若就等于觉悟，观照般若就等于实行，实相般若就等于性体，本性的自体。我们也可以这样说：文字般若就是驾驶的船，观照般若就是驾驶的技术，实相般若就是目的地。以开车为比喻：车子是文字般若，驾驶技术是观照般若，到达目的地就是实相般若。

三、般若的用

般若究竟有什么作用？般若的用处很多。你赚钱做什么？钱能解决生活问题。你读书做什么？读书可以增加知识，将来可以成功立业。在世间做什么事都要讲求"用"，般若有什么用？

般若的用处

一、可以正信真理

要正信真理很难。人不能没有信仰，信仰就是力量。但是你信仰宗教，他也信仰宗教，有时候邪信却不如不信好，不信不如迷信好，迷信不如正信好。

有人说自己对信仰很虔诚，但是信错了，却是无比危险。也有人说，我什么都不信，不信没有了不起，不信不如迷信好。你看许多老公公、老太太在神明面前拜拜，他们虽然迷信，但是他们的信心好纯洁、好高尚！迷信只是因为一时不了解，但至少他有善恶因果观念，懂得去恶向善；不信的人，则如一个人不用大脑思考，不肯张开眼睛看世界，那么永远也没有机会认识这个世界。

当然，信仰宗教最终是以"正信"最好！正信不是凭嘴巴说的，正信有正信的条件。首先是信仰对象的条件：信实在的，信有能力的，信有道德的。我们现在信佛，佛是否合乎信仰的条件呢？

正信实在的。佛是实实在在的，他有生养他的父母，有生养他的国家，在历史上也有他修行的经过，所以他确是实实在在的大觉佛陀。

正信有能力的。佛陀是有能力的，《佛遗教经》说："我如良医，知病说药，服与不服，非医咎也；又如善导，导人善道，闻之不行，非导过也。"我虽是良医，知病与药，你若不吃我的药，过失不在我医生；我如善导，导人善路，你若不照我的路走，不能怪我，因为我确实是有这方面的能力，只是你不愿奉行。

正信有道德的。合乎正信的条件之一就是要有德，若我们所信仰的对象本身仍有贪嗔痴，烦恼尚未断尽，生死尚未解脱，又如何能引渡众生呢？所以，信德是正信与否的最重要考验。

真理的条件是什么？

（一）具有普遍性、必然性、本来性。真理是有条件的，并非公说公有理、婆说婆有理。真理的条件是什么？要具备普遍如此、必然如此、本来如此，不是你说你讲的是真理，它就是真理，而要看你说的话是否合乎这三个条件。

比方佛教说"有生必有死",这就合乎真理的条件。所谓"有生必有死",古人生了要死,今人生了也要死,外国人老了要死,中国人老了也要死,这合乎普遍如此、必然如此、本来如此,所以这句话是真理。

(二)具有合乎三法印的条件。佛教里的"三法印"——诸行无常、诸法无我、涅槃寂静,这三个是真理。三法印,就是印证佛法的三个条件。所谓"诸行无常",世上无论什么东西,在时间里面没有不变的;"诸法无我",在空间里面没有独自存在的;我们若能懂得诸行无常、诸法无我,也就能认识"涅槃寂静"。

大海里面的水波涛汹涌,一个浪起,一个浪灭,一波推着一波,不停地变化,就在说明"诸行无常"、"诸法无我"的道理。假如我们能从波涛汹涌里进一步认识波,其实它就是水,水是寂静的,水是不动的。所以,从动乱里,也能认识一个静的本性来,也能看见它的本来面貌;从千差万别里,也能认识一个平等的样子来。因为无明的风起,所以水才会动,而其实它的本性是静的,即使是在动荡中,它的本性也还是静的,那就叫涅槃寂静。

人死的是躯壳,而人的本性不死。人人都有涅槃寂静,只是因为涅槃寂静里面起了妄动,所以才有生老病死、忧悲苦恼。等到生老病死、忧悲苦恼一解脱，我的本性就是不生不死，就是不生不灭，就是不动不静，就还回我们本来的般若、本来的面目了。

二、可以证悟般若

般若有什么用处？没有般若，就不能证悟般若；没有本来面貌，就不能认识本来面貌。好在我们有般若，可以认识我们自己。

三、可以明白实相

般若可以明白真实的样子。般若是正见缘起，了悟诸法空性的智慧，有了般若就能认识"缘起性空"，进而能证悟宇宙人生的真理，成就佛道，所以般若是菩提之"因"。能够认识"缘起性空"、"不生不灭"的诸法实相，就是般若。因此，般若是一种能透彻宇宙实相的智慧。

四、可以断尽烦恼

了解不生不灭，涅槃寂静，回到本来面目，何惧之有？何烦恼之有？般若有知苦灭苦、观空自在的功用，没有般若的人生，欠缺正见，易为外境烦恼所转，而在起惑、造业、受苦中轮回不已。有了般若，便可开发自性之光，证悟自己真实的生命，从生死的此岸安渡到解脱的彼岸，此即"波罗蜜多"。

波罗蜜多：从此岸渡到彼岸

《心经》的名称叫作"般若波罗蜜多心经"，意味着有了"般若"就能"波罗蜜多"。所以，般若有这么多的用处。

什么叫作"波罗蜜多"？这是古梵语，"波罗蜜多"是他们的一句口头语，这句口头语在中国话的意思就是"事已成办"，也就是"事情完成了"的意思。"多"是语助词，没有什么意义，等于人家问："你吃过饭了吗？"回答："我吃过'了'！"多就是"了"，"了"也就是过去完成了。

比方人家问："你吃过饭了没有？"你回答："波罗蜜多！"就是吃饱了。"今天睡觉睡得好吗？""波罗蜜多！"表示睡得很好。"你跟某人话都谈好了吗？""波罗蜜多！"表示谈好了。

"波罗蜜多"就是"度"，也就是"从此岸渡到彼岸"的意思。有了般若，就能把我们从"迷"度到"悟"，把我们从"痛苦"度到"快乐"，把我们从"动"度到"静"。有了般若，人生没有苦只有乐，没有动乱只有寂静，没有愚痴只有觉悟。有了般若就能得度，就能波罗蜜多了。

有一个趣谈是这么说的：有一位日本音乐家，带了一个学生到外面去表演。由于日本音乐家的穿着与和尚穿的衣服一样，当他们住到一个乡镇的小旅馆时，半夜隔壁有一位妇人难产，小孩生不下来，肚子痛得大喊大叫，后来有人就说，隔壁好像有一个老和尚和一个小和尚来投宿，就请他们来念经消灾吧。

音乐家一听，就说："我不是和尚啊！我们是唱歌的。"但是家属仍然一再拜托："哎呀！你不要这样，请你发个慈悲心，这是个要紧的时刻，请你务必来念个经啊！"

这个音乐家给他这么一讲，心里想："这怎么办呢？我又不会念经。"但是看妇人在那里哭叫，又不忍心。于是音乐家就跟学生说："算了！我们干脆唱个歌吧。"学生问道："生小孩的歌怎么唱？老师你先来。"

音乐家就这样开始唱了，但是唱到"摩诃般若"时就唱不下去了，赶紧要一旁的学生接下去。学生随口就唱："一时二时已过，三时就要生下来。"没想到，小孩真的在三时就生下来了。当小孩子哇哇叫时，他们一家人都好高兴，认为师父好慈悲，好有功德，好伟大，经过他们的一消灾一念经，小孩就平安出生了。

这是一个巧合。不过从这当中就可以知道，般若就是一个巧合，有了般若，处处都有巧合。

所以，"般若"是佛法的中心，是我们生活的心要；追求般若，得到般若，就能心无罣碍，自由自在！

如何能波罗蜜多呢？

怎样才能"波罗蜜多"？我们要从迷到悟、从苦到乐、从动乱归于寂静、从烦恼进入涅槃。我们学佛的目的，就是要求得成佛、了生脱死、断除烦恼，也就是要波罗蜜多。你要波罗蜜多吗？你要得度吗？经典里面告诉我们"六波罗蜜"的"六度"法门。

所谓"六度"，就是六种得度的方法。第一是布施，第二是持戒，第三是忍辱，第四是精进，第五是禅定，第六是般若。有人喜欢布施，有人喜欢持戒，有人长于忍辱，有人专于精进，有人一心禅定，有人智慧高超，这些都能波罗蜜多。

六波罗蜜是佛教的大乘菩萨道，或许有人会说："为什么六度法门看起来很浅显？"布施，没有信佛教的人也在布施，就是其他宗教也都在行布施；持戒，不是佛教徒也要守法，就是其他宗教也都有它的戒条。

以布施为例，一般社会上的布施，布施者在行布施的时候是有人我关系的。比方说，你很苦，我很好，所以我要布施给你；你很可怜，我很有办法，所以我要布施给你。我是能布施的人，你是受我布施的人，你要感谢我；我能够广结善缘，想来还真是了不起；助人为快乐之本，我到处救苦救难，帮助了社会上好多人。或者是你对我好，所以我要报答你，布施你；我喜欢你、尊敬你，所以我要布施你。这些都是世间的布施，其中有人我观念，有贫富观念，在"相"上面是有差距的，所以叫作"有相布施"。

佛教的布施是无相的，无相才能波罗蜜多。

有相布施虽也有功德，但还只是小小功德、人天福报。《金刚经》里说，假如有人能受持经典里的四句偈，并且用这四句偈对人解说，其功德将胜过用三千大千世界七宝布施。为什么讲说一点佛法，功德就能超过那么多的财富？我们要知道，财宝虽多，总是有限量，法施虽少，却是无限量。我给你一万元，你今天用不完，明天也会用完；今年用不完，明年就用完了。用钱的时候，究竟用得如法不如法，当中的善善恶恶，也很难说。假如我能为你讲说一个佛法，讲说一个忍辱法门，你听入心里以后，打从心里知道忍辱的重要,那么,这种能忍的修养和精神力,你能持续不断,今年忍,明年忍,十年、五十年后,甚至于来生都能忍,其功德利益将会让你生生世世受用不完。所以佛法能给予人们无限的受用。

讲起六波罗蜜、六度,一般人都认为很难实践。世间,有的人由于喜欢人家感谢而布施,喜欢人家说好话而布施,或者欢喜某个人而布施,甚至要想拥有一个行善的名义而布施。或许有的人会说:"能做到这样就已经很难了,佛教还叫我们要无人我、无对待、无相布施,做了布施,做了善事,做了功德,还要在心里说我没有做,这太困难了!"其实,如果我们真正懂得"六波罗蜜"的意思,做起来就不困难了。

说到布施,第一个要问的是:布施是给人呢,还是给自己呢?如果我们认为布施是给人家,当然是很难实践;假如想到布施是给自己,就很容易做到了。但有的人会觉得奇怪:"布施不是给人家吗?怎么会说是给自己呢?"

其实,布施不完全是给别人,也是给自己。你不播种,哪里会有收成呢?你没有布施,哪里能有所得呢?所以,布施看起来是给人,实际上是给自己。我们行布施时要想到,布施是发财的方法,我想要发财，就要布施；我想要有人缘，就要行布施。

说到持戒，有的人一听到持戒，也会觉得它很难，总以为持戒就什么都不能做，不自由了。所以，很多本来有心想要信佛教的人士，一听到持戒，就退缩了："算了吧，我还是不信比较好，免得信了这个宗教之后，带给我很多的麻烦。"

其实，持戒究竟是束缚还是自由呢？戒的精神是自由的，不是束缚的，要持戒才能自由，不持戒就不自由了。假如各位有兴趣，可以了解一下全台湾各地监狱的情况。全台湾的监狱我都去过，也都和他们谈过话，所以我能了解这些人为什么失去自由，主要就是他们没有持戒，犯了法，所以失去自由。

佛教里面讲五戒：不杀生、不偷盗、不邪淫、不妄语、不饮酒。现代社会，过失杀人、伤害人，要坐牢；犯了罪，被警察抓到牢狱去，当然就不得自由了。所以，不持戒必然失去自由。如果持戒呢？人家说："平时不做亏心事，半夜敲门心不惊。"持戒因此可以波罗蜜了。

说到忍辱，忍辱对一般人来说也很难。所谓忍辱，先忍之于口，不恶口；再忍之于面，面孔不动声色，没有生气的样子；再忍之于心，心上不觉得怎么样。一般人觉得忍辱难，是想到忍辱要吃很多的亏。

其实，忍辱究竟是吃亏或是占便宜呢？假如你觉得忍辱是占便宜，你就肯忍辱了。事实上，忍辱的确也就是占便宜，"忍一时风平浪静，退一步海阔天空"！用打、用骂、用力量与人对立或吵架，是不能令人折服的。

忍辱而能有慈悲，忍辱能有修养，忍辱的力量是世界上最大的力量。经典里面说，会布施或会持戒，其功德都不及能够忍辱，忍辱的功德是布施、持戒所不及。所以要想得自在，学佛法的人学习忍辱是必须的。在家庭里，你能忍辱，家庭就能和平；在社会上、机关里，你能忍辱，就会给人有好感。所以，忍辱能得到很多方便，是讨便宜的。忍辱可以波罗蜜，可以离苦得乐。

至于精进，就是我们一般所说的"要努力"。有的人一听到人家说要努力、精进，他总是懒洋洋的，提不起精神，觉得精进好辛苦。假如你能把精进视为快乐的、不受苦的，那么精进也就不为难了。

比方说，扫地、洗衣服好辛苦，不过你把家里打扫得很干净，把衣服洗得很干净，把家里都能整理得很好，不也会感觉到好舒服、好轻松、好自在吗？所以，勤劳、精进带给我们的是舒服、愉快。又例如，你为了一家人的生活，努力做事赚钱为社会服务，虽然辛苦，不过一家老少都因你的所得而能增进生活的满足，这不是很快乐的事吗？所以精进是受苦呢，还是快乐呢？你若想精进是快乐的，那么就会鼓起精神来精进了。

精进有什么利益呢？例如，精进拜佛，可以和佛交流，能使人格升华。精进参禅，可以稳定身心，可以回光返照，可以观察自己，可以从动乱中统一身心、集中意志。是以，精进可以让我们得到很多的大利益、大快乐，何乐而不为！

再讲到禅定，禅定可以使我们波罗蜜，完成我们的修行。不过一般人提到参禅，总以为一定要到寺院里面，到禅堂里面，双腿盘起来，眼睛闭起来，不要吵闹，不要有声音，才叫参禅。

其实，这种禅还不是真的禅，真正的禅在我们的衣食住行之中，在我们的行住坐卧之间，在我们的生活里面，吃饭、睡觉里都有禅，就如百丈禅师所说："搬柴运水无非是禅。"

一般人想到禅就是呆坐在那里。那么，禅究竟是呆板的呢，还是活泼的呢？禅没有活用，就是呆板的。所以行立坐卧中的禅是生活的禅，是活泼的禅。

什么叫生活的禅？平时吃饭的时候，看到桌上的菜不合己意，一不高兴就要生气，平常吃两碗的现在只吃一碗，心里觉得很苦，那就没有禅了。假如有禅的功夫，即使饭菜煮得不好，也觉得没有关系，想想弘一大师所说"咸有咸的味道，淡有淡的味道"，菜根也有菜根香，心里也就了无罣碍了。

禅是一种艺术，你可以用禅来美化你的生活，使生活充满艺术气息。有的人买衣服，老是怨叹不能买到一件合身的好衣服，看这个颜色不如意，看那个颜色也不如意，那是因为他在差别相上追求，在动乱中求。假若你有了禅，就像弘一大师，一条洗脸的手巾一用就是十几年，还说："毛巾是坏了，不过还可以用。"这个想法多么有力量，多么有价值！所以我们穿衣吃饭都应该要有禅。

一个出家人，不管他是怎么样的性格，即使是小小年纪出家还没有懂得禅定，不过他禅定的境界、禅定的功夫却是慢慢在表现。就从衣着来说，虽然他只有一件衣服，今天是这件，明天还是这件，今年是这件，明年还是这件，但是他心上没有罣碍，觉得一件长衫就够了，那么，他心中就有了禅。

假如追求时尚的人，一定做不到，"叫我天天穿这件衣服，今天穿这件衣服，明天又是穿这件，后天也是这件，不好看，不行，要换一个颜色！"其实人家并没有在看他的衣服，是他自己心里不能安定，没有自主的能力，也就是没有禅定。

最后来谈的是般若智慧。般若不同于一般的知识。因为一般的知识，不论地理、历史、物理、化学等学科，是向老师听讲得来，是向外去求来的，而般若不是向外求，是向内求，向自己求。如果向外求，那就不是我们讲的般若了。

六种波罗蜜里有很深的意义，从布施到智慧都能使我们得度。若能实践大乘菩萨的六度万行，就是心上插一把刀也不觉得苦。佛经里有这么一段话：如果听到人家毁谤你、辱骂你，于恶骂毁谤之言语不能如饮甘露者，不算是忍辱之人。反之，听到人家毁谤恶骂，还能感觉如饮甘露者，才能算是忍辱之人。所以说"难行能行，难忍能忍"是菩萨道的精神，看起来好像我们受了多少的委屈，但是从这些委屈里却能令自我成长。

世间的人称赞别人，往往会说："这个人好伟大，那个人好伟大！"仔细想一想，伟大里面是多少的心酸、多少的苦难，要付出多少的牺牲、多少的忍辱，才能伟大。所以，要想做个有成就的人、伟大的人，就必须要有力量，能忍辱，能布施，能持戒，能精进，能禅定，能般若，有种种的力量，那么就能波罗蜜了。

六波罗蜜的前五度，布施、持戒、忍辱、精进、禅定，如果没有"般若"作引导，都还只是世间法，不是佛法。佛法是无形无相的功德，而世间法则非无相的功德。因此，行布施、持戒、忍辱、精进、禅定，要有般若，才能波罗蜜，才能得度，这是佛法的大乘菩萨道。

心经：心的道路

读《般若心经》，一定要了解"心"。人有好多种心，如肉团心、缘虑心、精要心、坚实心等等。草木也有心，但是草木的心跟我们人的心不一样，草木的心只是一种物理上的反应，不是心理上的反应。

"肉团心"，乃现在身中，父母血气所生者是。大家都有一个心脏，心脏一停就不能活命了，所以要好好保护它。

"缘虑心"，就是思想、分别的心，它能分别好的坏的、男的女的、大的小的、高的矮的。

"精要心"，是指能积聚诸经中所有的核心要义，如《般若心经》积聚《大般若经》六百卷之精要；也是一种有规律的见解，有规律的正见，有正见的认识。

至于"坚实心",也就是如同金刚般坚固真实的心。佛教里有一部很有名的经典,叫《金刚般若波罗蜜经》,金刚之坚固,能破坏任何东西,但没有东西能破坏得了它。金刚就是真如心,就是我们不变的、不死的、不坏的真心。等于黄金,你把它丢到阴沟里,丢到垃圾箱里,经过了十年、百年,再把它拿出来,它还是黄金,没有腐烂,也没有损坏。有情众生六道里轮转,虽是流转生死,但是我还是我,我的真如自性、真心佛性还是不变、不死的。

多年前,我在报纸上看到一则关于美国有人要换心的新闻。世界上有几个换心的人?有人听到这个消息时大为惊讶:"不得了啊!把你的心换成他的心,这不是错乱因果了吗?"一个人一生的善恶、是非、好坏,都移到另一个人的身上去,以后他该怎么办呢?其实他换的是心脏,换的是肉团心,不是换坚实心。把肉团心搬来给你,搬来给他,甚至搬给几十个人,也不要紧;虽然我的心脏坏了,但是我的坚实心没有坏,坚实心是换不了的。肉团心换心,这是生理上的,不是心理上的;是科学的,不是佛学的。那么科学是科学,佛学是佛学,科学是没有办法超越佛学的。

要成为一位航天员,很不简单。当年在美国,航天员要接受各种技术、各种能力的训练,其中也包含了禅定、瑜伽的训练,通过层层考验之后,才用火箭将他们送上月球。不得了啊，以后大家统统都相信科学，不相信佛学，不相信念佛了，要想往生极乐世界，何必苦苦地再念阿弥陀佛，只要火箭一发射，就可以到极乐世界去了。这样一来，佛学不就没有科学有用了吗？

可是再仔细想一想，科学并没有佛学有用，科学能把人训练好后送到三十八万公里之外的月球上去，但是不能把一个人训练得登入自己的心坎里。要让我们的心登入我们心上的世界，科学没有办法做到，一定要靠我们自己才有办法。所以，极乐世界是我们心里的世界。

极乐世界距离地球有多远？佛经说：十万亿佛土，十万亿三千大千世界。但是经典里又告诉我们，念佛"于一念倾，得生彼国"，那速度可快了。因此，极乐世界，说远十万亿佛土，说近一刹那间。所谓"自性弥陀，唯心净土"，净土是我们心里的净土，所以要训练自己进入到这个世界里。要如何登陆到心里的净土世界？佛教有一本《净土圣贤录》，这一本书里，有好几千个人正是用各种念佛的方法登陆到心上解脱的世界。

说到"缘虑心"，有一个禅宗大德叫德山禅师，他精研般若经典《金刚经》，并且做了一本注解，叫作《青龙疏钞》。他在北方时，听说南方禅宗讲究的是"直指本性，见性成佛"，心想：哪里这么简单？于是带了注解，即他的思想根据，行到南方去和他们辩论，心想要教训他们一番。就这样走走走，快到了南方。

有一天时间不早了，禅师肚子饿了，正巧旁边有一个小吃店，便想进去吃一点东西。

"老婆婆，拿些点心来给我吃，我要赶路。"

"大师父，您挑的是什么东西？"

"《金刚经》的注解。"

"挑经到南方做什么？"

"你这老太婆不懂的，我要到南方去纠正那里许多人的邪说。"

"大师父，我不大懂《金刚经》，不过有一个问题要请教你，你若能回答我，我不跟你收钱，这里的饭食、点心就供养你。如果你不能回答我的问题，你挑的《金刚经》注解就不能带到南方去，要留下来。"

德山禅师说："老太婆，我钻研《金刚经》几十年了，你竟然要问我《金刚经》的意义！好吧，那么就如你的条件，你问吧。"

老太婆就说了："《金刚经》里面有这样的说法：过去心不可得，现在心不可得，未来心不可得。请问大师父，你要吃点心，那么是要点哪颗心？"

这一下可糟糕了：我们这个缘虑心，过去的已经过去，未来的还没有到来，现在的心又是念念不停，一下在这里，一下在那里，一下登高山，一下到海边。好比现在有人在读《般若心经》，心里总还挂念着：我今天出门没有和家人讲一声、还有一件事情没有做等等。罣碍的心是哪个心？点心是点哪一个心呢？点过去的已经过去，点未来的还没有到来，点现在的也没有停止。

缘虑心，也就是分别心。分别心是一种妄想，妄者虚而不实，是虚假的思想、虚假的念头，是不实在的。例如我现在想：那个人好坏，给他一拳吧！但是那个人坐在那里却一点都不感到痛，为什么？妄想不是事实，妄想是没有作用的。所以这种缘虑心、分别心、妄想心，不是佛法里所说的真心。

从缘虑心再谈到坚实心。所谓坚实心，就是具有正见、能见到真理、能见到般若、"我知道了"的心。

有人问，观世音菩萨千手千眼，哪一个是正眼呢？过去有一位禅师说，遍身是正眼。我认为，应该说通身是眼。"通"有透彻的意思，每一个细胞都是眼，而"遍"还只是表面的。修行要注意一个问题：平常我们用眼睛看，用耳朵听，用舌头尝，用身体感触，还可以进一步训练我们的六根互相运用。例如，看，不一定用眼睛看，把眼睛闭起来，用感触来看。我们可以运用这样的方法来训练六根互用。

有时我们到一个房子里，虽然没有见到人，不过却可以感触到里面有人。也有的时候，你在那里讲话，我在这里根本没有听到，但是我看到你比手画脚的样子，就知道你讲的是什么话，所以眼睛也是可以听的。甚至眼睛还可以吃东西。眼睛怎么会吃东西呢？例如，当你看电视、看电影看得入迷时，家里的人叫你吃饭了，你会说："不要！我肚子不饿。"为什么？因为看就等于吃。你在那里看书，家人叫你吃饭，你会说："你先去吃，我不要吃。"看书也能当饱。这就如佛教里所说的"禅悦为食"，禅也可以当饱，心有很大的力量。

有时白天即使没有工作，早上吃过饭后，三个钟头一过，肚子却饿了。有时从中午、下午，到了晚上都没吃饭，肚子却不感到饿。我过去也有这样的经历。

几十年前，我替东初法师编辑杂志，当时印刷厂在万华，我经常要去那里校对刊物，到了中午，大家都下班，工人都去吃饭了，我却没饭吃。为什么？一来路很远，二来买不到素食，再说也没有钱，就没想到要吃，继续工作。就这样，忙忙忙，忙到晚上，甚至还要加班，因为刊物当天一定要出版。好不容易到了九点、十点，终于印出来了，出版了，于是绑了一大捆的杂志，再送到北投山上，交给东初法师。晚上十一点、十二点，他还在等候。见我来了，他说："你来了！你很好，很负责。休息去吧！"到了这时候，已经是夜里一两点了，睡到床上才想起来，我今天还没有吃饭，一整天肚子里面都没装东西。所以，专注工作就不会饿。

一个人可以训练到"一根代替诸根"，心的力量发挥出来，那么这个人的潜在能力就慢慢发挥了。

佛光山朝山会馆厨房过去有一个耳朵全聋的义工，可以说他的生命是在无声的世界里度过，什么声音都没有。但是他有一个本领，全佛光山的人，哪个人叫什么名字，他统统都知道。我一直观察他是如何把山上每一个人的名字记住的，不过到今天我都还没查得出来。

有一次他在看电视，我从旁边经过，也在那里坐了一下。"一个耳聋之人在那里看电视，为何音量开得那么大，他自己又听不到？"我心里这样想。没想到，他回头一看我坐在那里，就把电视的音量关掉。我心想："电视声音是别人打开的，有声音或没有声音，其实他并不知道，又怎么会知道我坐在后面，甚至还去把声音关起来？"因为他耳朵听不到，所以心理、思想就特别发达。

世间有好多身体残障的人，往往残而不废。手断了，我还可以用脚写字；眼睛看不到了，我还能感触，同样能做很多的事情。能分别的六根尚且可以相互运用，何况是这颗坚实的心？你若能把它归入到正道里，它就能发挥很大的力量。

禅宗二祖慧可找到达摩祖师时，达摩祖师问他："你老是找我做什么？"他说："我心不安，求祖师替我安心。"初祖达摩说："好，把你的心拿来，我替你安。""心怎么拿法？拿不出来。我们的心了不可得，找心找不到。"没想到，初祖达摩却说："我与汝安心竟。"意思是，我替你安心安好了。二祖慧可于言下大悟。

我们平常要求安心，有的人把心安于事业上，可是事业会变化；有的人把心安于儿女身上，可是儿女慢慢长大，他不要父母了，自己要求发展去；有的人把心安在金钱上，可是金钱可能贬值或遗失；有的人将心安在感情上，感情也可能会发生变化。

所以，在这个世间，要找到安心之处是没办法的。

那么，究竟要把心安在哪里呢？

有人说安于佛法上。

什么是佛法呢？所谓"应无所住而生其心"，无住生心，无住就是佛法。

六祖大师之所以开悟，就是五祖用《金刚经》般若经典来求得彼此心心相印的。五祖弘忍对六祖惠能讲说《金刚经》，一到"应无所住而生其心"时，六祖便恍然大悟。

悟是什么？悟有程度的不同，有小悟、大悟、豁然大悟的差别。关于悟的境界，我们只能去推想，以得出相似的悟。悟究竟是怎么样的情况？砰然一声，迷妄的世界统统给悟的炸弹炸得粉碎了，一切的差别、森罗万象都没有了，示现出另一个平等的、光辉灿烂的世界。

六祖一听"应无所住而生其心"就开悟了，于是他说："何其自性，本自清净；何其自性，本不生灭；何其自性，本自具足；何其自性，本无动摇；何其自性，能生万法。"意思就是，现在他终于知道我们的本性是什么了。

心要安于无住，因为凡是有住就是非住。住，就是生活的意思。凡是为生活而生活，不能得到生活的意义；凡是用超然的思想、心情来生活，才会有生活的味道。我们的心都有所住，一下子住在我家的房子里，一下子住在儿女、夫妻身上，一下子住在事业上，心总是一下子住在这里，一下子住在那里。心有所住，就有所偏，就不能普遍。无住，则无所不住，那么"横遍十方，竖穷三际"，"心包太虚，量周沙界"，大圆满觉的觉悟就会表现出来了。

在中国有两句话："春有牛首，秋有栖霞。"南京有座牛首山，过去山上有一位法融禅师，九岁出家以后，学通经史，研读般若经。每天的生活，都会有山中的猿猴采花采果来供养，天上的飞鸟也会衔东西来供养。甚至他在草寮里与好几只凶猛的狼、老虎一起生活，还能与它们沟通，进而还感化了它们，大家相处，彼此不相妨碍。

有一天，禅宗的四祖道信禅师来看他，待道信禅师慢慢爬到山上，山里的狼、老虎纷纷向他靠近，作势要咬他。道信禅师很害怕，法融哈哈一笑："祖师！你还有这个在吗？"意思是，你还有恐怖心吗？你还害怕吗？

法融一喝："老虎、狼，下去！"老虎、狼竟然都走了。道信禅师心想："我是一个禅宗祖师，今天来此，竟让他说我怕狼和老虎，实在心有不甘。"

一会儿，法融进去烧茶，准备请道信禅师喝茶。道信禅师就在对面的位子上写了一个"佛"字。当法融出来倒茶，就要坐下来谈话时，一看到座位上有个"佛"字，心想："我怎么能坐到'佛'的上面？"他也害怕了。四祖道信于是反过来取笑他："你在这里修行，还有这个在吗？"看到"佛"一个字就把你吓倒了，表示你不能直下承担，不能见性成佛，你不是佛！

法融回过头来问四祖道信："那我该怎么修行？"道信说："你在此做什么？"法融答："我观心，照顾我的心，看我的心在不在。"道信又说："观是何人？心是何物？"意思是说：你在这里观心，观是什么人？心是什么物呢？

后来四祖道信指示他："百千法门，同归方寸；河沙妙德，总在心源。"意思就是，百千法门同归于心，河沙妙德也总在心里，我们这颗心早就成佛了，我们心里的功德多得很。

大部分人所求的功德是世间的功德，好比梁武帝遇见达摩祖师时说："我建庙、度僧、印经，请问有多少功德？"达摩祖师说："没有功德。"为什么说没有功德？"因为你所做的是世间功德，我所讲的是心源里面无相的功德，人们也早就具备了。"

法融再问："何者是心？何者是佛呢？"心和佛怎么分辨？怎么知道是心是佛？

四祖说："非心不问佛，非佛不问心。"心和佛一而不二，即心即佛，你没有心，怎么知道问佛呢？如果不是佛，你怎么知道来问心呢？可见得心中有佛，佛就是心，心佛不二。

所谓"人心不同，各如其面"，一个人一个面孔，一个人一颗心，每一个人的分别心是不同的，尽管不同，真心却是不二的。

《般若心经》的"心"，究竟是什么心呢？当然不是草木心、肉团心、缘虑心，而是坚实心、真心。真心是中心，是心要。三藏十二部的经典，乃至整个佛法，都是以大乘佛法做中心。而整个大乘佛法，就是以《大般若经》做中心。所以，以《般若心经》为生活的依据、生命的中心，是不会错的。

心是这么重要，人人都有心，却人人不认识心；人人有个如来佛，可是如来佛是什么样子却不知道，人们往往都是在心外求佛。当然，现在也只有藉外面的佛做缘，来发觉心中的佛了。

说到"经"，佛说的叫作"经"，也叫作"契经"。"经"在梵语里叫作"修多罗"，翻译成中国话就叫"契经"。契者，要"上契诸佛之理，下契众生之机"。能契合佛的心，契合众生的根机，就叫"经"。经者，经是路，修行要照着正确的路去走。

关于《心经》的译者玄奘大师

当我们阅读书本时总会想知道作者是谁,《般若波罗蜜多心经》这部经是佛说的,当然作者就是佛。不过,说到译者,把梵文翻译成中文的是哪一位呢?古代多位译经家翻译过《般若心经》,流通最普及的版本就是唐朝玄奘大师(唐三藏法师)翻译的。唐三藏不是《西游记》里的那个唐三藏,有部真的"西游记"叫作《大唐西域记》,是由玄奘大师作的。小说的《西游记》大家都看过,真的西游记却不一定人人都知道。

玄奘大师的哥哥在洛阳净土寺出家,当时玄奘大师十三岁,也想要出家。但是在唐朝的时候,并不是人人都可以出家,要参加考试,通过才可以出家。那时,唐玄奘也要参加考试,却被考场中的人赶出来。为什么?年龄太小,必须年满二十岁才能出家。考官说："你才十三岁，怎么可以出家呢？"年幼的玄奘听后，就在门口哭了起来。

主考官郑善果看到有个小孩在考场外面哭，就问："小朋友，你哭什么？""我要出家。""小小年纪出家做什么？""我要绍隆佛种，光大遗教。"

主考大人一听："小小年纪就晓得要光大遗教，绍隆佛种。好！既然你有这么大的志愿，就特别给你开个方便门。"就这样，玄奘出家了。

玄奘大师日夜精进用功研究佛法，当他二十六岁的时候，感觉到中文翻译的佛经里有很多意思与佛法的根本精神不能完全契合，于是立志到印度学习梵文，寻找原典。

在他前往印度的途中，走到一个关卡，被抓了起来；官员认为他是违法私自出境，因此不准他继续再走。就这样，玄奘大师每到一地，都遇到类似的问题，被关闭了许多时日。经历多少次通关困难后，也有关卡要塞的司令被他的远大志愿所感动，同情他："我准备粮草，准备介绍信给你带去。"

日复一日，玄奘大师行走在荒野漫漫的沙漠上。最艰难的是，不小心打翻了水囊，他曾经四天四夜都没有喝到一滴水。他也想过要回头拿一点水，再往前走，但是又想："不能！这么多的困难都已经走过来了，不能再回头。"于是他许下一个心愿——"宁向西天一步死，不回东土一步生"，明明知道往前走可能是死，也心甘情愿地往前走下去。

途中，玄奘也找了人带路，但是带路的人因为感到路程辛苦，竟起了恶念："天天跟着这个和尚走，这么辛苦，不如把他杀了，我还是回去吧！"于是便拿出刀来，在月光的照耀下，一步一步地靠近玄奘大师，但是当他看到玄奘静静地坐在那里时，却又不忍心，步伐几次进进退退。

唐三藏察觉怪异，问他："你要做什么呢？"仆人跪下说："对不起，我生起了想要杀害你的心，我受不了这个苦，我要回去！"玄奘大师说道："没关系，你回去，只要你不杀我就好了！"最后玄奘一个人独自往前走。抵达高昌国时，国王却要求他招亲，当然玄奘不同意。但是国王仍一再勉强他，玄奘只有用绝食表明心志，最后双方勉强地谈妥条件——国王邀请他在当地讲经一个月，再让他到印度去。

到了印度后，玄奘大师在当地学法十几年。佛陀的八大圣迹当中，有一处叫那烂陀大学，过去最盛时有三万多个学生，有名的戒贤论师、玄奘大师就是在那里学习的。

玄奘大师学成之后，在归国途中，几十个国家的国王带领着大臣们围绕在他的座下听经。玄奘大师研究唯识，如同科学家为研究下定律一般，也作了定律。他说:"谁能把我这个定律推翻,我玄奘就砍头以示供养。"宣告的牌子悬挂了几个月,好辩的印度人却没有一个敢跟他辩论。

玄奘大师回到长安后,翻译经典七十几部,共一千多卷,最有名的是六百卷的《大般若经》。唐玄奘是中国四大佛经翻译家之一,他去世的时候,有一百多万人送葬;为他守墓七天不离开的,有三万多人;唐高宗大哭三天不上朝,并且说:"我失去一件国宝——伟大的玄奘大师。"

【下卷】
透过故事读《心经》

下卷将《般若心经》经文分段阐述。星云大师通过一个又一个事理、一则又一则故事,深入浅出地阐明其奥义,若能体会并活用,胜过世间一切法宝。

自在最难得

观自在菩萨，行深般若波罗蜜多时，照见五蕴皆空，度一切苦厄。

"观自在菩萨"就是观世音菩萨。至于"观世音菩萨"是鸠摩罗什翻译的名称，属于意译；"观自在菩萨"则是唐朝玄奘大师翻译的，是直译。所以，不论"观自在"或"观世音"，都是观世音菩萨。

观世音菩萨叫作观自在，"观自在"用白话文说就是：你观照自己在不在？看看自己现在在不在？一般说来，往往人是在了，可是心不在。或许有人说："我的心在。"但究竟是什么心在呢？往往是妄想心。

观自在就是要观境自在、观照自在、观用自在。

所谓"观境自在"，就是用般若观照自己的世界圆通无碍。

所谓"观照自在"，就是观照五蕴皆空，度一切苦厄，离一切障碍，一切明明了了，证得实相。

所谓"观用自在"，就是观照自己的用，于"行深般若波罗蜜多时"，从体起用，可以神化自在。

人最可怜之处就是不自在，一般人都没有为自己而生活，都是在为别人生活。我想要你欢喜，就说：你好美丽、那件衣服很好看、头发那么漂亮、高跟鞋样式好新。其实，衣服很好看，与他何关？高跟鞋样式新，又关他何事？但他却因此而高兴万分。我若想要他不欢喜，那么说他几句坏话，骂他一下，他马上就不欢喜了。我们要他欢喜就欢喜，要他烦恼就烦恼，那么他究竟是为谁而生活？不过是给人牵着鼻子走，人家要他怎么样，他就怎么样罢了。

还有，环境可以改变我们，人事可以改变我们，物质可以改变我们，语言可以改变我们，这个世上，改变我们、改造我们的外在力量太强了！自己似乎是不存在的，东风吹也倒，西风吹也倒，人家说我好话我就欢喜，说我坏话我就苦恼，这样的人生很悲哀。

所以，我们讲"观自在"，如果你觉得自己"在"，那么你自己就有了力量，别人舆论的好好坏坏，种种的闲话或好话，又与"我"何干？

宋朝的大学士苏东坡和佛印禅师两个人都打坐，苏东坡修行比不上佛印禅师，心里一直不服气。有这么一天，他在打坐的时候就说:"禅师,禅师,你看一看我,我坐在这里的样子像什么?"佛印禅师一看,说:"像尊佛。"苏东坡好开心:"今天很好,禅师终于称赞我像佛。"

佛印禅师并没有因此放过与他论道的机会:"大学士,你看我坐在这里像什么样子啊?"这时候,苏东坡心想:"逮到机会了,平常给你欺侮,今天终于可以报复你一下了!"于是他说:"你像什么样子啊?你像一堆牛粪。"牛粪堆成一坨,就像一个人打坐的样子。佛印禅师听了,还是一样很高兴地坐在那里。

苏东坡兴奋极了,觉得终于赢了佛印禅师一回。他的妹妹问:"哥哥,你赢了什么?""禅师说我像佛,我说他像牛粪。"妹妹一听,说道:"哥哥,你已经输了。""我怎么输了?""因为禅师的心中是佛,他看你就是佛;你心中是牛粪,你看他就是牛粪啊!"苏东坡一听:"完了,今天又输了。"

好与坏并非在嘴上搬弄的,要有实际功夫。你自己在,你肯定了自己,就有真功夫;你不能肯定自己,要通过外在来肯定,要用别人的利益作为自己的利益,要用别人的荣耀作为自己的荣耀,甚至狐假虎威,那些都是虚假的。

我们要观照自在,要用般若把自己的佛性之光观照出来。

日本有一位很有名的白隐禅师，有一户人家拜他做师父，对他极为恭敬。

主人家的小姐跟外面的一个青年谈恋爱，怀孕了，爸爸知道之后，气急败坏地追问孩子的父亲是谁，女儿不敢讲，怕一说出来，男朋友会被父亲活活打死。后来被逼急了，女儿想到父亲平日那么相信白隐禅师，于是就说："小孩是白隐禅师的。"

爸爸一听，心里顿时天崩地裂："白隐禅师，我平常把你当成佛祖一般地信任，你怎么可以做出这种坏事？"于是不分青红皂白地就去打了禅师一顿，白隐禅师一句话都不讲。最后女儿生下小孩，做父亲的就把外孙抱到寺院里，朝白隐禅师一掼："这是你的孽种，给你！"白隐禅师一句话都没说，就把他收养了下来。

为了养活孩子，白隐禅师只好四处去化缘奶水。走在路上，不断地有人骂他是坏和尚、野和尚，甚至连小孩子都在后面用砖头丢他。他却很能够忍辱，就这样，慢慢地把小孩带大了。

过了几年，跟主人家女儿私通的年轻人回来了，他问："我们的小孩呢？"女孩说："我们的小孩，我还能把他留下吗？我只好说是白隐禅师的。"那个年轻人也是白隐禅师的徒弟，一听她这么说，忙喊："糟糕，糟糕！你怎么能这样做呢？他是我们的师父，你怎么这样害他呢？我要去向你父亲自首。"

这个爸爸一听:"唉!你们这两个畜生,误了事情,误了事情啊,怎么办呢?"一家人跑到白隐禅师那里去忏悔:"师父,我们对不起你!"白隐禅师回答:"为什么对不起我?"这个爸爸说:"那个小孩不是你的,是我们的。""是你们的,你就抱回去吧。"禅师一点不高兴的样子都没有,一点气都没有生。"你说是我的,就是我的;你说是你的,你就抱回去吧!"由此观之,白隐禅师真是伟大。

所谓"观自在",能有自己的自在,不需要别人给予自在,他人的毁谤、赞美也都跟我不相干,这种修养要通过般若智慧才能养成,否则谈何容易!

所以,观自在菩萨,"行深般若波罗蜜多"的时候,就能照见五蕴皆空,度一切苦厄。能照见五蕴皆空,离开一切苦厄,对于我们的生活何其重要!

说到"观自在菩萨",我们必须先了解"菩萨"。

常有人以为菩萨一定都是神通自在、飞行去来、神通变化的,其实菩萨的意思不是这样。菩萨在印度话叫"菩提萨埵",译成中文的意思就是:一、大道心众生,二、觉有情。

所谓"大道心众生",人人都有份,只要是发大道心者,就可以称做菩萨。只要是觉悟的有情,就可以称做菩萨。

过去有一个出家人问惟宽禅师:"禅师,什么是佛?"

惟宽禅师说:"我不告诉你。"

"为什么呢?我请示你,你怎么不告诉我?"

"告诉你,你不会相信的。"

"禅师,你的话我怎敢不相信呢?"

"你问我什么是佛?你就是佛。"

"我就是?我怎么不知道我是佛呢?"

"因为你有'我',所以就不知道了。有我执在,有假我在,那不是真我。"

"有'我'在,不能认识佛,不能认识菩萨。那么,禅师,你觉得你是佛,你能够见佛吗?"

"唉!糟糕,刚才有了一个'我',就已经不是佛了,现在又加了一个'你',更不是佛。有'我'有'你'的分别,就不能见如来。"

"那么无我无你,我们就是佛了?"

惟宽禅师说:"无我无你,谁是佛?"

有我有你,不是菩萨、佛,那么无我无你,谁是菩萨谁是佛呢?菩萨和佛,在离开你我,在不执著、无分别的平等性之上。所以"众生一体",大家都是菩萨。

有人会想："那我可了不起了，想不到才来读个《般若心经》，马上就成菩萨了。"对的，大家都是菩萨，不过和观自在菩萨一比，还是差了一大截。

菩萨有五十一个阶位，等于大学、中学、小学、幼儿园的学生都称作学生，但是幼儿园学生和研究院学生一比，程度却是差了一大截。同样的，观自在菩萨就好比是研究院的研究生，而我们则还是幼儿园的学生，是初学菩萨。

在佛教里，自称菩萨的人很多，例如太虚大师有一首诗说："比丘不是佛未成，但愿称我为菩萨。"你说我太虚是比丘，惭愧不敢当。为什么？比丘戒，我虽严持了，但是并不圆满，所以我不敢自称比丘。而说我是佛吗？更不敢当，我还没有成佛。那怎么办？"但愿称我为菩萨"，我已经发菩萨心，已经发菩提心，我已经是大道心众生，我已经是觉有情，所以你们可以称我为菩萨。因此，人们常称太虚大师为太虚菩萨。在汐止，慈航法师也自称菩萨，他写信给人都自称"慈氏菩萨"，表示直下承担发心发愿。

菩萨不是静静地供着给人礼拜的，菩萨是活泼泼地为人间服务，为人间布施欢喜，为人间勤劳工作的行者。

所谓"千处祈求千处应，苦海常作渡人舟"。

菩萨像什么呢？所谓"菩萨清凉月，常游毕竟空；众生心垢净，菩提月现前"，菩萨就像天上的一弯明月，哪里有水，它就在哪里映现。天上有月亮，河里面就有月亮；天上有月亮，盆里面也有月亮；天上有月亮，茶杯里面也有月亮。月亮是不偏心的，只要水清净，里面就能映现出月亮。同样的，只要我们众生的心里清净，菩萨就会在我们心里现起。所以，我们要想做菩萨，就要从清净自性、平等自性，从去除自私的心做起。

讲到"观自在菩萨，行深般若波罗蜜多时"。

好像读书，读到正有趣味的时候，我们会希望"你们不要叫我吃饭"；写文章，写到正要紧的时候，就希望"你们不要叫我做别的事情"；事业进行到某一个阶段，进入情况的时候，会说"我没有心管别的事"。可以说，我们都进入到某一种境界了。

观自在菩萨的修行与成就，到了"行深般若波罗蜜多"的时候，就表示他已经完成自己，修行完成了。也就是说，他的般若智慧已经达到"般若波罗蜜多"了。

什么是"般若波罗蜜多"的时候呢?就是在行持般若最得力的时候;就是由文字般若到观照般若,再证入实相般若的时候;就是寂照不二的时候。

寂,是不动,如如不动;照,是功用,等于镜子,它虽没有分别心,可是朝这里一摆,人的整个面孔都会在镜里现前。就好比天上的月亮,它没有分别心,所以江、海、河、溪、盆里都会有月亮映现出来。

佛陀有一个名号称为"如来","如"是不动,"来"是动,从不动而动,而能教化世间,所以叫"如来"。我们要想做什么事情,都必须要由心来运作,倘若紧张、着急,就为外境所动;菩萨度众生,是如如不动而来游戏人间、教化人间了。

观自在菩萨在静谧的般若智慧里,能同时运用般若智慧教化世间,对他来说,这是一个寂照不二的时刻,是一个自在无碍的时候;不同于凡夫,说到度众生,就感到好麻烦、好障碍,菩萨则能观自在。

"行深般若波罗蜜多"的时候是什么时候?就是"能所双亡"——没有我是能度众生的菩萨,没有你是我所度的众生。

佛教有两个重要名词,我们要特别注意,就是"能"和"所"。我"能"讲经,你们是"所"听的人;我"能"喝茶,茶为我"所"喝;我"能"穿衣服,衣服为我"所"穿;我"能"吃饭,饭为我

"所"吃。"能"是做的主动,"所"是被动。菩萨能所双亡,把主宾的对待关系忘记了,把"我"、"你"忘记了,把本体、现象忘记了,所以本体和现象融为一体。

能所双亡,净秽不分,能观察的智慧与所观察的境界便融而为一了,就是所谓实相般若现前的时候。这个时候是"行深般若波罗蜜多"的时候,就是菩萨修行到功行圆满的时候。

什么是"行深般若波罗蜜多"的时候?就是"照见五蕴皆空,度一切苦厄"的时候。这两句话在《般若心经》里是非常重要的。

讲到"照见五蕴皆空",先解释"五蕴",再解释"空"。

"五蕴"是什么?五蕴就是"我"的代名词。比方我们说张三先生、李四先生,在文学里面有时候就用"其"来代表,例如"其人好善良"、"其人古怪"。又例如"他"、"那个"也是代名词,"把那个拿给我",如果那是个茶杯,那么,"那个"就是茶杯的代名词。

五蕴就是"我","我"称五蕴。"我"为什么叫作"五蕴"？"蕴"是积聚的意思，那么"我"就是由五个东西积聚而成的。"我"是由这五样东西积聚的：色、受、想、行、识。

"色"就是我们身体上物质的部分，比方头发、皮、肉、骨头、指甲。《般若心经》里说"色即是空，空即是色"，这个"色"就是物质的意思，不能把它当成红、黄、蓝、白、黑等颜色的意思。

"受、想、行、识"是精神的作用。识，就是我们精神的主体、我们的心。识，是认识、辨别。我有眼识，我就认识张三、李四、高楼、平地；我有耳识，就能辨别声音好不好听；鼻子有识，就能分别香臭；舌头有识，就能知道咸淡；身体有识，就能感触舒服或不舒服、好硬或好软；心也是识，心能分别过去、现在、未来，种种思想。是以，眼识、耳识、鼻识、舌识、身识、心识，就叫作"六识"。

精神的心和物质的色，结合起来才成为一个人。如果人没有物质的身体，没有头发、骨头、皮肉，精神怎么表现呢？又如果这个肉体没有了精神，也就变成行尸走肉了。人为什么死？就是没有心了，心离开身体了，如同一个人住的房子坏了，他就必须要搬家了。

那么当物质和心识合在一起时，就产生了三种精神的作用。

一为"受",身心能感受到好苦、好乐等。甚至人家问我们:"这时候感到怎么样?"我们说:"我现在感受到不怎么样。"这种无所谓也是一种感受。

二为"想",也就是思想、了别。有了思想就会发动行为、力量,就想到去做。

三是"行",行为。一有了"想"以后,就想到要"造作",想要做些什么。

物质的色和心的识合起来,有了受、想、行的作用。那么把色、受、想、行、识合起来,也就是"我"。

平常我们说人是由四大五蕴和合而成。"四大"就是地、水、火、风。地大,如身上的骨头,是坚硬性;水大,如流汗、吐痰、大小便溺,是潮湿性;火大,就是身体的温度,是温暖性;风,就是呼吸,它是流动性。如果这四大种的物质条件不和,我们就会有毛病了。

四大就是五蕴中的色蕴。人是四大种条件、元素和合而成的。世界上任何一个东西都有四大种。例如我们住的房子,当中的钢筋、水泥,不就是地大吗?水泥要加水才有黏性,不是水大吗?钢铁要经过火炼才会坚固,不是火大吗?房子要通风才不易损坏,不就是风大吗?

又例如一朵花的生长也需要四大种:要土壤,就是地大;要浇水,就是水大;要在有阳光的地方种植,就是火大;要空气流通的地方,就是风大。假如没有土壤,没有水,没有阳光,没有空气,花就不能成长。

世间的一切都是地水火风和合而成，每一个东西里面都有地水火风，每一大里面又有四大，例如一个地大里就有水火风，一个风大里面就有地水火。

我们吃的冰棒也有地水火风：地大，很硬；水大，冰是由水凝结而成；还有火大。或有人问：冰棒这么冰，怎么会有火？我们要知道，水在零度时结冰，但是除了零度，还有零下十度、零下二十度、零下三十度，可见得冰里面也有温度不同。

有一次，来了一个叫欧伯的台风，由宜兰登陆。台风一结束，我到宜兰去关心，结果发现有一个山头的草统统都枯黄了。我觉得奇怪：就是把草割下来，也要明天后天它才会黄，为什么台风一走，它就黄了呢？这就是风中有火。一九七七年在高雄登陆的赛洛玛台风也是一样，佛光山上的树木经过风吹以后，统统都枯黄了，那也是因为风里的热度所引起。

地水火是物质，那么风怎么是物质呢？茶杯是物质，因为我们拿得到；人、房子是物质，因为我们看得到。但是风我们看不到，怎么会是物质呢？风是物质。赛洛玛台风来的时候，我在这里，你在那里，双方都看不到彼此。风吹来时，灰蒙蒙一片，如同起雾般，对面不见人，这时候我们用肉眼就能看到风的"厚度"。平常的风我们是看不到，不过它有阻碍的力量，比方风很大的时候，会把人吹倒。所以风也是物质。

有一次佛印禅师讲经，已经开始讲了，苏东坡才姗姗而来。佛印禅师一看："学士，你怎么到现在才来？已经没有你的座位了。"大家都坐满了，你还能坐到哪里去呢？

苏东坡就说："何不假借和尚的四大五蕴之身为座？"意思是说：没有座位，那我就坐到你的身上去。佛印禅师说："好！我问你一个问题，你回答得出来，我就把身体让给你坐；你如果回答不出来，我们有一个交换的条件，就是你为官的玉带要送给我做纪念。"

苏东坡说："好的，公平！你问吧。"佛印禅师就说："'四大本空，五蕴非有'，请问学士依何而坐？"我们平常讲四大，四大是空的，五蕴也是假的，五蕴和合，一分散就没有了。"四大本空，五蕴非有"，你依何而坐？空了，能坐在哪里？没有了，又要坐在哪里？由于苏东坡回答不出来，所以他的玉带到现在还留在镇江金山寺里。

所谓"五蕴皆空"，"五蕴"怎么"空"法呢？

佛教里的"空"，并非一般认为的"没有"。有的人说

"我没有钱了,四大皆空","我不喝酒了,不要女人了,我四大皆空","空空如也,我没有了,我空了",这些都是不了解四大皆空的意思。社会上误把四大皆空看成酒色财气的空,但是佛教讲的四大不是酒色财气,是地水火风。

一般人讲"空",以为我没有了,人死了,就是"空"了,那不是"空",那还是"有"。有什么?有个"空"。我们要知道,佛教讲的"真空"是不离开"有"的,并不是人死了才空,人活着就是空。

例如这个房子,我说房子是空,空是它的实相,那么它本来的样子是什么?它本来的样子不就是木材、水泥、钢筋?只是我们不能认识它本来的样子,不能认识一个和合的假体。它本来的样子是什么?它本来的样子是众多条件组合的,是众缘所成的。

你若认识因缘,就已经快要认识空了。

我们人也是众缘所成,要有父亲、母亲、色的本体等因缘聚合了,才能成就"我"这个人。因缘聚合才能存在,因缘不聚合就不能存在。因缘存在是什么意思?就是"空"。空,不是没有了以后才空,空是"有"的时候就是空。"空"才能"有",不"空"就不能"有"。

佛教的"空"不破坏"有"。举例说，假如没有一个空间，我们怎么坐下来读《般若心经》？因此，要有"空"，有这个空间，才有我们的存在，才能有这个阅读的进行。

又譬如，如果我们的皮夹不空，没有空间，钱要放在哪里？东西要放在哪里？因此，钱、东西是因为有这个空间才能存在。

人也是因为有空才能存在，鼻子要空、耳朵要空、眼睛要空、肠胃要空、毛孔要空，如果都不空，鼻子不空，嘴也不空，也就活不下去了。

有空才能存在。我要想喝茶，茶杯必须要有空间，才能装茶，倘若茶杯没有空间，这个茶要放在哪里呢？

佛教不是否定世间，不是否定"有"。佛教讲世间的"有"要透过般若的空慧来认识，没有透过般若、空的智慧来认识"有"，那个"有"便是假的、虚妄的。

空是什么样子？大家都学过代数，代数里面有个英文字叫X，这个X就是空。X怎么会是空？因为X在数学里叫"未知数"。这个X，三也是X，八也是X，甚至千万都是X。"空"也是一样，茶杯里面是空，教室里面是空，台湾是空，世界也是空，整个宇宙虚空都是一个空。不管它是大的、小的，空的意义是一样的。我们能说X是没有吗？X不是没有。

又如"0"，是个空。"0"是没有，圆圆的一个，当然是空。真的是空吗？我把"0"摆在"100"的后面，这个"0"是多少？"1000"。摆在"10000"的后面，就是"100000"。你们说这个"0"怎么样？空不空？并不空！所以，空不是没有，空很大、很多。空是什么？就像思想的无限意，无限的东西就叫作"空"。

佛教徒念"阿弥陀佛"，阿弥陀佛是什么意思？阿弥陀佛是佛的名字，是万德洪名，这里面有无限的功德。因此，无限功德的阿弥陀佛，和"空"一样具有无限意。

看到你来了，"阿弥陀佛"；
你要把一样东西送给我，"阿弥陀佛"，谢谢；
打你一个耳光，哎哟！好痛噢！"阿弥陀佛"；
你摔了一跤，我看了不忍心，"阿弥陀佛"；
妈妈打小孩，小孩哇哇叫，"阿弥陀佛"；
这个世间好苦哦！"阿弥陀佛"；
你完成了一件事，恭喜你，"阿弥陀佛"；
你要走了，再见，"阿弥陀佛"。

吃饭了吗？来吃饭，阿弥陀佛；我没有时间陪你，你随意地走走看看，阿弥陀佛；你不坐了，要走了，阿弥陀佛。我不知道你姓什么叫什么，好讲话吗？好讲话。见他来了，说声阿弥陀佛，起恭敬心，把他当成阿弥陀佛。

这一句"阿弥陀佛",什么时候都可以用,因为"阿弥陀佛"万德洪名,和"空"一样是无限的意思。假如你的名字叫张三,人家喊你:"张三!"张三是什么?这个"张三"与自己不见得有必然关系,但是,对你一声"阿弥陀佛",你也就像阿弥陀佛一样,就让自己与空义相印、与空义相合了。

透过般若才能认识空。什么是空?不二法门叫作空。《维摩诘经》里的不二法门很微妙。

维摩居士称病,佛陀派代表去探望。最初要派舍利弗去,舍利弗说我不去,他说:"那位老维摩居士,我讲话讲不过他,我不要去!"派目犍连去,他也不要去:"老维摩很难缠!"派这个不去,派那个也不去,后来就派菩萨去,但是这个菩萨也不去,那个菩萨也不去。这怎么办?

最后佛陀问:"文殊菩萨你去好吗?"他说:"彼上人者,难为酬对。"意思就是维摩居士很难应付。"不过我要承奉佛旨,既然佛指示要我去,那我就去。"文殊菩萨一说要去,许多声闻罗汉与其他菩萨也都要去,就这样,几万人浩浩荡荡地前往。

维摩居士住的丈室这么小,几万人怎么进得去?经里就讲到"不二法门",小和大是不二的。佛教里有两句话,"须弥藏芥子,芥子纳须弥":须弥山那么大,藏一个芥子,理所当然,不用解释;但是芥子里面,也就是一颗小菜种里藏有须弥山,这却不合一般认知事实。

我记得有一次佛光山举行夏令营的时候，我对参加夏令营的同学说，你们来研究佛学，要从佛光山的一沙一石里去看见三千大千世界，要从这个地方的出家人的袈裟一角去见到诸佛菩萨的庄严。为什么？因为不二法门，就是大小一如：你我不分别，肮脏干净不二，多和少也是不二。

举个例子来说"一"：一粒粉笔灰、一个台北市、一个台湾、一个世界、一个虚空，从一粒灰尘到一个虚空，都是"一"，"一"可大可小，是不二法门。

一粒灰尘是怎么成为一粒灰尘的呢？这一粒灰尘是经由人类采矿，再以火烧炼，利用种种工具才把它做成粉笔。那么，做粉笔的这个人，他要穿衣吃饭，才有力气来做粉笔。他身上穿的衣，是工人织成的布；他所吃的饭，是农人种田而有。田里的稻谷又是怎么会有收成的呢？要阳光、雨露、和风。整个宇宙的力量集中，它才成为一个粉笔灰。粉笔灰很小，却是集宇宙的力量而成。所以，万法归一，宇宙万有的本体就是一，是不二的。

人常常有分别心，不过，也有好多禅师心中没有分别。有一个故事，赵州禅师向他的徒弟文远禅师开玩笑说："我们今天来比赛，哪个人赢了，就吃这一块饼。"徒弟想：跟师父比什么呢？"好吧！

师父你说要怎么个比赛法?"

"我们来比赛,谁把自己说得最肮脏最无用,那个人就赢了。"

文远禅师说:"师父你先说。"

赵州禅师就说:"我是一头驴子。"

文远禅师说:"我是驴子的屁股。"

赵州禅师说:"我是屁股里解出来的大便。"

文远禅师:"我是大便里面的蛆。"

赵州禅师一听,你是大便里面的蛆,这太肮脏、太渺小了,我找不到东西再比了。于是他就问:"你说你是大便里的蛆,那你这个蛆在大便里面做什么呢?"

文远禅师说:"我在里面乘凉。"

文远禅师在大便里乘凉,我们能吗?禅者净秽不二,干净、肮脏没有分别。大小便在我们认为是肮脏的,在他看来却是再清净不过的,所以这个世上都是分别心在分别净秽。比方说水,在唯识家讲"一水四见",人看水是水,鱼看水是它的宫殿、它的房子,饿鬼看水是脓血,天人看水是琉璃。同样是水,众生业识分别的结果却不一样。众生的业识虽然不一样,但是若能藉由心识的力量,转识成智成般若,就统统一样了。

回到《维摩经》里,老维摩的丈室怎么能拥进那么多人?由于他的神通自在,虽是丈室,也能令其大如虚空,因此大家就都进得去了。大家进去以后,舍利弗就打了一个妄想:"今天这么多的大菩萨、大罗汉都来了,维摩居士怎么都没有摆出凳子给大家坐呢?"

这个心一动,维摩居士就问了:"仁者舍利弗!你们大家来这里,是为法而来,还是为床座而来?"你们是为座位而来呢?还是为听我说法而来的?舍利弗听了觉得不好意思,赶紧说:"大士!我们是为法而来,不是为床座而来的。"

老维摩居士虽然嘴上这么说,不过还是显了一个神通,将东方世界里八万四千张琉璃宝座都运到丈室里来。每一个宝座都有几万尺的高度,那许多菩萨屁股一晃,统统都坐上去了,而舍利弗想坐,却怎么也爬不上去。维摩居士说:"舍利弗!你刚才要求有座位的,现在座位来了,你怎么不坐呢?"舍利弗说:"大士!我坐不上去。""为什么坐不上去?你们小乘行人有分别心,有大小的障碍,有你我的障碍,你现在向佛陀顶礼,仗着佛力就可以上座了。"那许多罗汉向佛礼拜后,藉着佛力一个个都升上宝座了。

这时候有一个天女在那儿走来走去,舍利弗一看,心想,这么一个庄严的道场,一个女孩在这里走来走去的,很难看。天女知道了,很不高兴,显了一个神通,把舍利弗一变变成一个天女。舍利弗一看:"哎哟!我怎么变成女人了?"天女就说:

"我告诉你,我本来不是女人,而现女人身,等于你舍利弗本来不是女人,而现在现女人身。佛性平等,无男无女,你何必在这儿打妄想,分别这样那样做什么呢?"

我们可以说,舍利弗是小乘行者,他的内心世界里有大小的世界,有你我的世界。"有",就有很多的世界,不是不二法门。而菩萨已经悟到般若空,空里只有一个世界,虚空虽只有一个,里面却森罗万象。

空是什么?虚空就是空,空是万有之本,是万物之源;空是法性,是诸法的自性。《大智度论》说空有十八种。我们讲的"空而不空",还要用空来破空;空空,空掉你的空。空到最后是什么?毕竟空。毕竟空是什么空?那是不可说的境界。

或有人问:"般若是三世诸佛之母。那么,般若像什么?"般若像大火炬,能烧掉妄想的、自私的、烦恼的我,般若的智慧能把我们的虚妄心统统都去掉。

空是什么?我们不要怕"空",若懂得空,虚妄的世界毁灭,真实的世界也就会生起。我们为什么要研究般若研究空呢?为的就是把我们的虚妄、迷执、错误、邪见、执著统统毁灭,让真实的世界、我们的不二法门、我们的本来面貌、我们的自性都得以显现出来。

什么是空？

一、世间没有不变的东西

世间有不变的东西吗？人在变，用的东西也在变。我们看这桌子有没有变？"没有变！我们昨天读经，用的是这张桌子；今天来读经，用的也是这张桌子。"用肉眼看是看不到的，要用法眼用真理之眼来看，就会看到它时时刻刻都在变化。所谓"成住坏空"、"生住异灭"——世界上没有不变的东西，从变里面我们可以看到空。

二、世间没有独自存在的东西

世间的一切，没有独自存在的，都是相互依存；相互依存就是空。你说我可以独自存在，我不要朋友，我不要其他人，就关在一间房子里面。但是冬天到了，你不穿棉衣能度过吗？每日三餐，你没有东西吃怎么办？经年累月没有房子住，你住在哪里？

世上战争不断，第一次世界大战、第二次世界大战……想想，战争的最后是什么？战争的结果，我打倒你，你打倒我，打到世界上的人统统都毁灭了，只剩下两个人；只剩两个人，还要不要打？还要打。我怕你威胁我,所以要把你打死;打到剩下我一个人,竖起了旗子,就代表我胜利了。

胜利的结果是什么?没有饭吃,没有房子住,没有衣服穿,没有电影电视看,没有冷气机用——这样的世界好吗?

人们不懂得佛法,所以才有争夺有战争,若是懂得佛法,认识空,就会想:我的存在,是因为有大家的存在,所以我要感谢你们,让我好过日子。例如,感谢农夫,让我有饭吃;感谢工人,让我有衣服穿;感谢司机,让我有车子坐;感谢空,让大家存在。空就是众缘和合存在的意思,我们对社会对人间因了解空,所以要带着无限的感恩。

怎么样才能看到空?

一、从相续假上看空

我们现在从另一个角度,从相续假上来看空。世间一切都是相续的,祖父母生父母,父母生我们,我们又生儿女,儿女又生孙子,相续不断。一根木材烧完了,再添一根木材,相续不断。所谓"长江后浪推前浪,世上新人赶旧人"，世间一切不停地在变化，都是相续的，这就是空义。

二、从循环假上看空

什么叫循环假呢？所谓因果，因种下去收果，果之后又成因，因又成果，因因果果，果果因因，循环不已。

有一个出家人，人家家里办喜事，他走到门口一看，说："世间好可怕！"人家结婚怎么会可怕呢？因为他证到神通，看到了这家人之间的三世因果，所以感受到因果的可怕。因果有什么可怕？原来今天是"孙子娶祖母，牛羊席上坐"：今天所宴请的客人都是过去宰杀的牛羊，今世成为亲朋好友；今天结婚的新人，是孙子娶他去世的祖母。当他用天眼用神通看到这一切时，感到可怕。所以说，空没有定义，空是变化、循环的。

三、从和合假看空

什么叫作和合假呢？人就是个和合假，把我们的皮肤摆在这边，把我们的骨头摆在那边，把我们的肉摆到另一个地方，那么人到哪里去了？人没有了。所以，人是一个和合的假体。

我们兴建一间房子，把水泥摆在一边，把石子摆在一边,把钢筋摆在一边,那么房子在哪里?房子是一个和合的假体。从假里,也可以渐渐体会到空。

四、从相对假来看空

举个例子,一个男人,年轻的时候是爸爸的儿子,但是几年后,他生了儿子,也做了爸爸。所以,爸爸或儿子之称是相对待的,是假的。

有个祖父很欢喜自己的小孙子,但是有一次看到小孙子调皮,给了他一个耳光。在一旁的儿子看了却很生气,于是他也给自己赏了一个耳光。这个祖父看了就问:"你怎么打自己呢?"他的儿子就说:"你打我的儿子,我也要打你的儿子。"由于他不认识"相对假",所以有这样的举动。

又譬如,有一个人跟我说:"师父!你不要在户外讲经,你到室内来。"在他的认知里,这个地方是外面,那个地方才是里面。如果我现在对着门口那边的人说:"你们不要在外面听经,到里面来。"那么我这里就又变成里面了。其实,哪里有里面,哪里有外面呢?里外是对待的,是相对的分别。

五、从相状假来看空

什么是相状?例如灯的相状就是光明。我们坐着读书,或许嫌灯光不够亮,抄笔记好困难,但是如果有小偷来了，他就嫌这个灯光太亮了。清风明月，对于赏玩的人来说是美丽的景色，可是小偷看到月亮，却要讨厌它了。所以每个人对于相状的感受不一样，相状是假的，只是我们的分别心在造作罢了。

六、从名词假来看空

名词是假的。我们称呼别人都是"各位先生"、"各位女士"，也早就听得很自然；假如当初人不叫人，而叫狗，成了"各位狗先生"、"各位狗女士"，那么我们现在听来也会觉得很自然。但是流传至今，这个名词已经定型，我们现在若叫人"各位狗"、"各位牛"、"各位马"，双方可能就打起架来了。

人从母亲怀胎十月，生下来以后，若是女孩子，就叫女婴；渐渐地长大了，就叫作女童；再大些，叫作女学生；再大一点，就叫作小姐；更大些，就叫作太太、妈妈，甚至老太婆。那么哪一个才是我们呢？究竟女童是我们？小姐、女学生是我们？还是太太、妈妈、老太婆是我们？其实，哪一个是我们，都是随着时间流动，使得名词产生变化。假如是个年轻的小姐，你说她像老太婆，她会很生气；假如是一位老太婆，你说她像小姐，她会说你在讽刺她，她也不高兴；没有结婚的女人，你喊她欧巴桑，她当然心生不悦。

其实名词假，我们不必在上面计较。认识空的人，不会去计较，不觉得那是一回事。空中无一物，空里面没有东西，那么空里面还会有婴儿、男人、女人的分别吗？空里面还有相对、相续吗？空里面是本来面貌，不生不灭、不垢不净、不增不减。

七、从认识假里看空

有人看到外面下雨，心想："讨厌！又在下雨。"为什么讨厌？因为没带伞，走路不方便。但是对种田的人来说，下雨很好。为什么好？花草不用浇水，禾苗也不需浇水了。

你说好，他说不好，所以每个人的认知是没有统一标准的。"这个人好可爱，我好欢喜。""莫名其妙！你怎会欢喜这个人？难看死了。"你说她难看，但是情人眼里出西施，他还是把对方当成宝贝。所以美丑是没有标准的。

美丑没有标准，好坏也没有标准。在空里面没有好坏，也没有善恶。所以，用无分别的心，把本来的样子显现出来，就是空。

什么是空？缘起性空。《般若心经》里说"照见五蕴皆空"，也就是照见我是空的，照见我是没有的，用简短的字来说就是"无我"。

记得第二次世界大战时，美国的罗斯福总统问太虚大师："请问太虚大师对世界和平有什么意见？怎么样才能获得和平？佛教对此有什么看法？"于是太虚大师拍了一个电报去，上面没有长篇累牍，只说：要和平，就要"无我"。

为什么会有战争？因为有我，所以才有战争。我是自私的，我是执著的，我是无明的，我和人是有隔阂的，因此就会引起战争。只有无我，才能成就大我。

无我并不是说我要自杀、我死了、我不要一切，那不叫无我，那还是执著有一个我。无我是心的自性般若空智。

至于"六波罗蜜"，怎么样才能行六波罗蜜？要无我才能行六波罗蜜，有我就不能行六波罗蜜。我在数十年前提倡一个观念，这也是我自己的人生观：以出世的精神做入世的事业。

什么叫出世的精神？就是空，就是无我。什么叫入世的事业？就是有，从空性上有，空中生妙有。比方说，佛光山原本是个荒地，什么都没有，是空的，但由于"空"，真空里面就能显现妙有，倘若没有"空"就不能现出"有"了。

佛法的特色就是空中生妙有，所谓"色即是空，空即是色"，也就是"以出世的精神做入世的事业"。可是，我们往往把空和有斩成两段，空的不是有，有的不是空。我说："这里没有桌子！"各位一定说："你打妄语，怎么会没有桌子呢？明明是有桌子。"但是我要告诉各位，"这里没有桌子"这句话是没有错的。你讲的"有桌子"是假有，我讲的"没有桌子"是真空。怎么会没有桌子呢？因为桌子不是桌子，桌子是个假相，它的真相应该是木材，木材的真相是树，是种子，是土壤、日光、空气。所以，它只是因缘，哪里是个桌子！你怎么能认假为真呢？假相是假有，真空是真有，是我们硬把空和有分开来，以至于空的不有，有的不空。

空，是"空"中有"有"，"有"中有"空"，我们不要把空与有分开。举一个禅宗的公案，我们就会明白了。

有一位居士问智藏禅师："禅师，请问有没有天堂地狱？""有。"

"有没有佛菩萨？""有。"

"有没有因果报应？""有。"

不管他问什么问题，智藏禅师都说："有啊！有啊！"

于是，这位居士就说："会不会是禅师你说错了？"

"我怎么会说错呢？"

"我从径山禅师那儿听的并不是这样的说法。"

"径山禅师怎样说法？"

"他都跟我讲无呀！我问他有没有天堂地狱，他说无；有没有佛菩萨，他说无；有没有因果报应，他说无。他说的都和你不一样。"

智藏禅师说:"哦!原来是这样。我来问你,你有老婆没有?""有。"

"你有房屋没有?""有。"

"有没有田地?""有。"

"所以喽,径山禅师跟我讲的不一样,因为径山禅师讲没有,是讲他的世界。径山禅师有老婆吗?没有。径山禅师有没有房屋田地?没有。所以他讲没有。你有老婆,你有儿女,你有田地,所以我要跟你讲有。"

有和空,乃因个人证悟的世界不一样,在有的世界里面,禅师就跟你讲有,若是在空的世界里面,禅师就跟他说空。其实空和有是分不开的,要能看到它们的不分开,就要"照见五蕴皆空",五蕴皆空就可以"度一切苦厄",就是无我了。

我们为什么会有苦?那是因为有我。老子说:"吾所以有大患者,为吾有身,及吾无身,吾有何患!"因为人有个"我"的身体,所以就要受苦。如果无我,就不苦了。所以,照见五蕴皆空,就可以度一切苦厄,就不苦了。

有一对夫妻,拥有钱财,却没有儿女,这让他们觉得很苦:"我一生拥有这么多钱财,但是现在年纪这么大了,却没有个儿女陪伴,实在太苦了！这究竟是什么道理啊？为什么人间这么不美满呢？"最后他们看破了，信仰了佛教。他们一直想要找个法师来讲经，却没有人来。有一天不知道打哪里来了个游方和尚，夫妻俩把他当成宝看待，邀请他讲经。这个法师说："我不会讲经！"他们却说："法师您太客气了，我们一定要邀请你说法，请您留在家里接受我们的供养。"

饭菜吃过了，讲台也搭起来，两夫妻请法师上座，他们则跪在下面聆听佛法。法师心想："当初没有好好学佛法，现在怎么说法呢？"着急得大汗直流，忽然间冒出一句："苦啊！"意思是他不会讲经，好苦。老夫妻一听，连忙磕头："哎呀！不错，真的苦。像我们这么有钱却连个儿女都没有，法师讲的真是一点都不错，苦啊！苦啊！"

法师看他们还跪在那个地方，想该怎么办呢？便说道："唉！真难。"老夫妻又赶快磕头："哎呀！一点不错，真难，要想有个儿女好困难。"

法师再看看这两夫妻还是跪在那个地方，不知如何是好，心想：算了！三十六计走为上策。

老夫妻跪了很久，抬起头来，看到法师已不在座上，惊呼："今天佛祖下凡，点化我们人生真苦、真难，我们以后要好好修行啊！"

苦，是我们学道的增上缘，知道苦才肯学道。佛教说苦不是目的，佛教说苦不是要我们受苦，佛教讲苦是要我们知道苦,要我们进入学道的世界。就像很多人饱经世故,受过很多的苦后,回头是岸,照见五蕴皆空,终于可以度一切苦厄。

佛陀在世的时候,有一位比丘尼,叫作优波先那,有一天在山洞里面打坐,被一条毒蛇咬伤。他想:"我的生命就要结束了!"于是就叫同道们把长老舍利弗请来,"我要和他讲话。"长老舍利弗请来了,他说:"舍利弗尊者,我被毒蛇咬了,我快要死了,现在没有办法和佛陀告假,请你代我说一声吧!"舍利弗一看,说道:"你气色一点都没有变,人好好的,怎么说是被毒蛇咬了呢?"

优波先那说:"舍利弗,你跟随佛陀这么久了,难道还不懂佛法吗?毒蛇能咬我的身体,但是它不能咬空。我现在在观空,所以身体虽然被咬了,但是我在空中的思想、空中的境界里,它是不能咬到的,因此我的气色也就没有改变了。"

了解空的人,对于生死总是谈笑自如。为什么?认识空以后,就知道人是不死的。一般人不认识空,以为死了就空了。认识空的人就知道,空里面有死也有生,有生也有死。所以,我们不要以为死了就没有,死了还会再生,是不空的。

所谓"照见五蕴皆空",就能"度一切苦厄"。无我怎么能无苦呢?

举一个例子:西方国家提倡踢足球,往往一场球赛就有十几万人观看,可谓风靡,甚至疯狂。有的人看电视,看到一个球没有踢进去,气得一拳把电视机打坏;有的人看到输球了,就跳楼自杀。比赛的时候,观众经常是看到赢球了就欢喜,看到自己支持的球队胜利了就高兴。

有这么一个趣谈。欧洲体育之风非常盛行,十几万人在足球场观看足球赛,座位很是拥挤,有一个人边看球边抽香烟,一不留神,烫到了邻座的人的衣服,结果衣服慢慢地烧了起来,那人大叫:"痛啊!"这个人就想:"不得了!是我的香烟烧到别人了。"赶紧就向邻座的人道歉:"对不起!我的香烟烧到你的衣服了。""不要紧!不要紧!回去再买一件。"意思是说,你不要啰唆了,让我专心看足球吧!这是什么心?无我的心,在他的心里只有球,球重要,我不重要,衣服也不重要,回去再买一件就好。

但是没想到,衣服上面的火并没有完全熄灭,又延烧到另外一边,一个小姐的头发也烧起来了:"哎哟!头发烧起来了!"这个抽香烟的人赶紧又说:"对不起!对不起!是我的烟引起的。""没有关系,没有关系!烧了不要紧,回去再买一顶就好了。"她连头发都不要了,觉得只要再买一顶就好。这是什么意思？无我，她要专心看球。

这些人都不是真的照见五蕴皆空，不过都有相似的无我：衣服烧了不要紧，头发烧了也不要紧，不计较，不打架，不吵嘴，不感到苦。如果没有无我，这还得了吗？他们不就要争吵，甚至打起架来了吗？

所以，《般若心经》告诉我们"五蕴皆空"的妙用。

在这个人间，你能有也好，无也好，生也好，死也好，多也好，少也好，大也好，小也好，哪里都好，如是观之，那么你就拥有这美妙的世界，拥有空的世界、空的人生。

我们对于苦要有一个正确的认识。"人生是苦"是佛教常讲的一句话，而苦有好多种，比方有二苦、三苦、四苦、八苦、无量诸苦。

"二苦"，就是身体上的老病死苦，和心理上的贪嗔痴苦，也就是身苦和心苦。

另外，还有"三苦"，苦就是我们的感受，有时候我们感受到苦，有时候感受到乐，有时候也有不苦不乐的感受。总之，无论感受是苦的，是乐的，或是不苦不乐的，以佛法来看统统都是苦。

"苦受"，世间的老病死、贪嗔痴、怨恨、嫉妒、求不得、爱别离，都是苦的感受。

"苦苦"，人生本来就是苦，再加生活上的苦、感情上的苦、思想上见解上的苦，就成了"苦苦"，苦中之苦。

有的人觉得很快乐：我年轻貌美，我有钱，有背景，我的家世好，事业好，我一帆风顺，我感到人生很快乐。其实，乐受，在佛教里面还是苦。什么苦？"坏苦"。不管你怎么快乐，这些快乐终有一天会坏。你说你年轻美貌，年轻美貌会消失；你说你感情美满，感情也会有坏去的时候。

快乐也会消失，快乐也是苦。

再说"不苦不乐受"。人家赞美你很有修养很有道德，你觉得那没有什么；活到三十岁死或是活到一百岁死，你也都无所谓；有的吃很好，没有的吃也没关系。虽然苦和乐都不能动摇你，但是不苦不乐还是苦，什么苦？"行苦"。不管你如何有道德如何有修养，不管你如何平静如何慈悲，诸行无常，岁月不待人，时间是不会饶过你的，你会有变化的，会有无常的苦。

所谓"四苦"就是生老病死苦。"八苦"是生老病死苦以外，再加上"求不得苦"，欲望不能满足我们，就会苦，还有"怨憎相会"、"爱别分离"及"五阴炽盛苦"。五蕴皆空的"五蕴"，又叫五阴。阴是盖覆的意思，如同房子的屋顶能遮荫、大树能遮荫。人，有五个东西会把我们的本性真如遮蔽。哪五个东西？就是色、受、想、行、识五蕴。"蕴"是积聚的意思，色、受、想、行、识五蕴积聚了以后，就会像炽盛的火焰般燃烧，这个"我"也就要受无常之火燃烧了。

我们读《释迦传》的时候看到，佛陀从王宫里逃出去后，许多大臣们在后面追赶："不行！你不能出家，你的父王要把王位交给你，你的姨母在那里叫喊着你的名字，全国人民失去了领袖，都非常哀伤，大家都希望你赶快回去！"

佛陀怎么说？

他说："我告诉各位，当房子失火时，如果我已经逃离了这间房子，你还会再叫我进去吗？我怎么能这么傻呢？无常的宫殿、无常的人生燃烧着我，而我已经离开了无常燃烧的火了，怎么能再回去呢？"

"你不能出家，王位多么尊荣，国家的财富很多，你可以拥有的权力很大，美女、醇酒很多，快乐是享受不完的，回去吧。"大臣们说。

释迦牟尼佛回答："不能！在你们看五欲是很快乐的，但是在我看来，五欲是什么？等于吃下去的东西，我把它吐出来了，你还要叫我把这个东西吃下去，我是吃不下去的。我已经舍弃五欲的生活，尽管你们说有多少人想念我，但我知道，我正是因为有想念、有爱，所以必须去学道。"

人生等于甲乙两人从两个方向走来,在交会点相会一下,然后就各奔西东。就如俗语所说:"夫妻本为同林鸟,大限来时各西东。"色、受、想、行、识就像火焰交织般,因缘散了,一段时期的生命就结束了。所以,人身难得,我们不能对自己的生命马马虎虎!

我们要想离开苦,就必须知道苦从哪里来?把苦的来源找出来,我们才可以脱苦。

苦的来源如下:

一、我与物

因为我们对于物质的要求不能满足而产生的苦。当我和物质不协调,我对物质的欲望不能满足时,就会产生苦。

二、我与人

人与人之间不协调而产生的苦。人和人的关系不能圆满,若是看到讨厌的人就不高兴,看到不欣赏的人就不欢喜,就要苦了。

三、我与身心

与自己的身心不能和合、顺利而有的苦。比方才二十岁、三十岁,肠胃就不好;才五十岁、六十岁,眼睛就看不清,牙齿就咬不动,走路也走不动了等等。身体的衰老逐渐给人带来苦。

除了身体上的苦，心里想不开也会苦。有时候身体的苦引起了心理的苦，有时候心理的苦也会引起身体的苦。比方说心里有烦恼，吃不下，睡不着，当然就没有力气了，身体也就苦了。身体有病，不论是肠病、胃病、头痛、高血压，为此烦躁、烦恼、忧愁、苦闷，心里也就苦了。身心之苦是互相交织的。当然，我们学佛主要的目的就是要能做到心不苦，进而能使身体不苦，这是可以训练的。

一九五五年，我才二十几岁，有一次在台湾环岛布教，不知道是什么原因，拜佛拜下去忽然就起不来了。我心想：以后讲经不能站着讲，那怎么办啊？

后来到医院，医生一看就说："你这是严重的关节炎，必须把腿锯断才能保全生命，不然关节炎发作会传染到全身。"大家一听，替我感到紧张。这怎么办啊？以后变成个瘸和尚，说法能，走不能了。不过，我那时候想腿锯断也很好，为什么？我不必奔忙了，可以安心在家看经、念佛，不是更幸福吗？

当我这样想的时候，顿觉人生有很大的力量；当我心里没有屈服的时候，也影响到我身体的改变。我从那时起，再也没有为这个病痛看过医生，没有打过针，更没有吃过药。可见心能发挥坚强的力量。

佛光山台北别院的第一任住持慈庄法师，他的父亲是宜兰人，十几年前我请他到高雄帮忙，他忽然晕倒吐血，我们找了医生来看诊。高雄市立医院院长看了之后，看诊包一提，就走了，一句话也没讲。

我们赶紧又再换一个医生来，那个医生一看便说："这个人能活着真奇怪，我一生都没有看过！"为什么呢？"他五脏六腑都烂掉了，怎么还能活着呢？"我说："有没有希望？"他说："没有希望。不过我们试试看。"

从那时候起，经过了十几年，慈庄法师的爸爸身体都很好。五脏六腑烂了，为什么精神还是很好、生命品质还是很好？关键就在于精神力！精神力可以带来身体的健康。他后来出家，法名慧和。

四、我与见

有的苦，是从内心的思想、见解错误而引起的，因我们对世间错误的认识而生起的。本来没有这一回事的，就因自己妄想、计较、执著而有错误认识。

这个世间人情是非很多，人们常常因为错看外在的人事关系而造成误会。多年的好朋友，为了一句话，一误会就是几十年，一误会就是吵架收场，不论多少年的感情都不顾。

多年前有一个乐善好施的银行家，他独身，没有家庭，经常资助孤儿院里的孤儿。其中有一个小女孩，从中学到大学都是这位银行家王经理资助她的。

女孩大学毕业了，有一天，她跟银行家说："我要嫁给你！"他说："不要，我们做善事不是要人家感谢的，我是没有企图的。"女孩说："我知道，我无以回报，我这一生的成就幸福都是你给的，为了感谢你，我自愿嫁给你。"就这样，他们两个人结婚了。

虽然是老夫少妻，不过感情很好。有一天，这位银行家王经理的表弟告诉他："表哥，你怎么让表嫂到外面去工作呢？"

王经理说："现代的女性应该要服务社会。"

"表哥，不瞒你说，我常看到表嫂跟年轻的男子逛公园看电影。"

"谢谢，没有的事。"

他心里想："我太太是自愿嫁给我的，还会有这个问题吗？"他心里一点都没有罣碍。

又过了几天，朋友请这个太太吃喜酒，原本夫妻两人要一起前往，但是先生说："我今天下班很累，不想去，你代表我去就好。"太太说道："好，你就在家里休息，我去了。"

这个先生在家里闲着没事，翻动着房间里的东西，后来在太太的枕头下发现了一个镜子。就在拿出来的时候，小镜子忽然分开成两面。镜子的后面有一张照片，自己的太太搂着一个俊俏的青年。

"你这个不要脸的女人，我的表弟来跟我讲，我还不相信，现在真的让我亲眼见到了。"他一气之下，拿出酒来喝，愈喝愈烦恼，借酒浇愁愁更愁。

过了一会儿，他太太回来了，一看便道："人家请我们喝酒你不去，怎么一个人在家里喝闷酒呢？"他不开口。太太说："你怎么不讲话呢？不要这样子，时间不早了，休息吧！"

不论她怎么讲，先生都不开口。太太拿他没有办法："你不睡觉，我就先睡了！"于是她朝床上一坐，拿起了镜子——小镜子已经让先生又架好了——于是她照照自己，说道："你怎么不理睬我呢？你看，我这么漂亮，怎么不跟我讲话，你应该欢喜啊，我们这么相爱！"

这个先生实在听不下去了，往前一把就掐住她的脖子。太太大惊："为什么？怎么了呢？"这个先生拿起镜子一把摔碎，并把照片取出来给她看。太太看了，嘿嘿地笑起来。先生更为生气："你这不要脸的贱人，看到如意情人，很欢喜是吧？"一把就将她掐死了。

太太死了以后，他逢人就说新婚不久，太太暴病而亡。就这么把她埋葬了。

过了半个月，表弟来了，说道："表哥，我有一件事情很不安心。"王经理说："什么事？"表弟说："表嫂的死是因为我吧？"王经理答："不是，不是，与你没有关系。"

表弟说："我向表哥忏悔，表嫂人很好，我之所以跟你讲那些话，是我想要害她的。因为她太漂亮了，我在追求她，而她却不理睬我，所以我故意在你的面前陷害她。但是我心里一直不安，是不是因为这样子，所以你把她害死了？"

王经理说："不是啦，你不要多心，和你一点关系都没有。"他一点也不懊悔。

有一天，邮差送来一封信，是寄给他太太的。他想，太太都死了，怎么会有来信？打开一看，信上这样写："梅，高中女校毕业以后，分别已经五年了，我现在已经是两个小孩的妈妈了，听说你大学毕业也结婚了。你记得吗？我们在毕业的晚会上，演了一出话剧，我演男子，你演小姐，之后我就把当时拍的照片镶在镜子后面送给你，你还保存着吗？我原本预备十年以后才告诉你，让我们回味青年时期的欢喜，感受人生的快乐。但是人生过得太快了，五年变化这么大，假如你还留有那个小镜子，请你打开来看，那里面有一张照片。"

王经理一看："天哪，我做了什么！"这就

是错误认识的后果。误会有时会造成大不幸，所以人与人之间要相互体谅，相互了解，不要以自己的情绪去决定事情，不要以自己错误的认识贸然决定，造成终身的遗憾。

五、我与自然

苦从哪里来？有的是从自然界的灾难，譬如地震、风灾、水灾而来。自然界加之于我们的苦，有时候是我们无法抗拒的。天长地久有时尽，痛苦绵绵无尽期。或许有人说：何必把人生讲得这么可怕呢？我们还是感到很好啊！我以为，是很好，但是这个好、这个快乐却是短暂的。

佛经里有这么一则故事：

有一个旅人行走在旷野中，忽然间，大象、老虎在后面追赶。这个人不断地奔跑，始终没有地方躲藏。最后，他看到了一口大井，心想："到井里面去就可以藏身了。"跳下井里后，哎呀！井底有四条毒蛇，这下子不得了，怎么办呢？正好有一根树藤从井口往下垂吊着，于是他抓着这根藤往上爬，却上不能上，下不能下，令他非常恐慌。这时候来了五只蜜蜂，嗡嗡嗡，滴下了五滴蜜，正好就滴到他的口里，甘甜的味道让他忘记了危险。

这故事意味着什么呢？旅行的人就是我们每一个人；旷野就是人生；大象、老虎就是来夺取我们生命的"无常"；深井就是生死；四条毒蛇就是四大五蕴；树藤就是我们的生命线，我们无时无刻不紧紧地掌握住我们的生命线；五滴蜜就是五欲，财色名食睡。我们的人生就像吊在井里、攀着一条生命线、享受着五滴蜂蜜而暂时忘记危险的旅人。

这样的人生，你说怎么不苦呢？

总之，苦从哪里来？从五蕴来，从"我"来，因为有我才有苦。既然我们知道苦的原因是有我，那么，就要照见五蕴皆空，要无我才能离苦。

怎么样除苦？科学的发达，能解脱人一部分的痛苦；医学发达，能给人类延年益寿；经济发展，改善大家的生活；政治清明，人人路不拾遗，家家夜不闭户，大家无忧无虑。然而科学、医药、经济、政治虽能解决我们人生一部分的苦，却不能解决我们根本上的苦，不能解决人的烦恼、不满足、忧虑、生死。那么，要怎么样才能真正解决痛苦呢？

用般若智慧增加自己的力量，增加见解上的力量、思想上的力量、心理上的力量、感情上的力量；有力量就能面对人间，就能无忧无虑。

有人说，信佛教要死，不信佛教也要死，不信佛教有烦恼痛苦，信佛教还是有烦恼痛苦，那何必要信佛教呢？还是要信仰佛教，因为信佛教是增加自己的力量，力量增大了，虽有生死，但无惧于生死，虽有痛苦，但无惧于痛苦。

我们看到，有些人没有宗教信仰，稍微有一点风吹草动，稍微有一点挫折，就觉得不得了了，无法应付，无力支持，最后自暴自弃，或消极自杀。假如能有个宗教信仰，有了力量，就觉得一次失败没关系，还有再来的机会；做错了事，生活潦倒了，没有关系，我还是能应付，因为我有修养，我有信仰。信仰就是力量，信仰会增加力量，不过这种力量也不是凭自己的血气方刚、匹夫之勇——那是支持不久的。

人要有般若的智慧，才能消灭痛苦的根源。痛苦的根源从欲望而来，只要我把杂染的欲望降到最低，就不苦了；痛苦的根源是从愚痴、邪知、邪见、执著、愚昧来的，那么我不去执著它，就不苦了。我能有无我相、无人相、无众生相、无寿者相的般若智慧，明白身体是因缘和合的皮囊，不在妄想、颠倒、自私、执著上花工夫，就不苦了。

既已点燃般若的火炬，照亮了朗朗乾坤，照亮了人生，那么生死何所惧？照见五蕴皆空，也就能度一切苦厄了。

人生在世，再多钱，良田万顷，日食几何？华厦千间，夜眠八尺，再多钱究竟能用多少？可是往往人不怕钱多，有了一千就想要一万，有了一万就想要十万。这个世间有一个奇怪的现象，往往愈是没有钱的人愈欢喜布施，愈是有钱的人愈贪心，当然也不是每一个人都如此。为什么说有钱的人贪心呢？因为多，还想要再更多。

有一家大公司的董事长，收入很高，每天财源滚滚而来，取用不完；但是一回到家，他总觉得不如意，心灵很空虚，看电视就烦躁，听电话就讨厌，虽住在华屋高楼里，却像是活在地狱一般地痛苦。有时候夫妻俩吵架，儿女骄纵不听话，更是令他烦恼不已。

我们经常看到，有的人，治国有办法，治家却没有办法。例如好多的将相大臣，统理国家很有办法，回家却没办法。或者治家有办法，治自己的心就没办法了。我们这颗心很麻烦，所谓"擒山中之贼易，捉心中之贼难"，心好像盗贼，很难降伏。《金刚经》里也说"如何降伏其心"，可见心不容易降伏。

有一次，正当这位董事长心里烦闷，觉得很不开心时，来了一个朋友，他说："你今天怎么又不高兴，又起烦恼了呢？"董事长说："气人！气人！"朋友问："什么气人？"

"你看楼下住在违章建筑里的那一对夫妻，天天都可以听到他们在弹琴唱歌，甚至快乐地跳舞，而我们虽家财万贯，回到家里却觉得苦闷不已。"

"原来你是因为这样而生气？那么你把一点'苦'送给他们好了。"

董事长说："苦还可以送人啊？"朋友答："当然可以送给人。"

"怎么送法？""你拿二十万元给他们。"

"那是什么意思？""你照我的话做就对了！"

"好，送二十万去。"

贫穷的小夫妻收到这二十万元，欢喜得不得了。但自此之后，每天到了晚上，他们就心生烦恼："我们这二十万元怎么办呢？放到抽屉里，不行，抽屉没有锁，小偷一来就偷去了；放在床下面，不安全，万一我们睡着之后，小偷一摸就摸走了。"放这里也不安心，放那里也觉得不安全，两个人就在那里商量、讨论，讨论、商量，天都已经亮了，一整夜都没有睡觉。

这时候，丈夫警觉："糟糕！我们上当了。""上了什么当？"

"上了富人的当，他把烦恼痛苦丢给我们了。我们本来很快乐的，但是自从他给了我们二十万元以后，都没办法好好睡觉。还是把这烦恼痛苦的二十万还给他，我们不要了！"

所谓"安贫乐道"，贫穷不一定是苦的，贫穷也有快乐，而富有不一定快乐，富有里面的痛苦更多。人之所以会苦,与我们的欲望、我们的境遇、我们的情执、我们的人际、我们的环境都有关系。如何把许多关系处理得好,要把自己的心治好,用般若的智慧照见我空,照出内在的真心。只要安住在平等的真心里,尽管人间有种种营求、万般波涛,你也能"度一切苦厄"!

因缘如花开花谢

> 舍利子，色不异空，空不异色；色即是空，空即是色，受想行识亦复如是。

不了解佛教的人，一看到学佛的人就爱开玩笑说："哎呀！阿弥陀佛！色即是空，空即是色。"其实什么叫"色即是空，空即是色"呢？有人会拿这句话来嘲笑佛教，因此，我们务必要把这句话理解清楚。

这一段话正是佛教对人间的看法。佛教对人间有什么看法呢？就是"色不异空，空不异色；色即是空，空即是色"。空，是佛法对人间对人生一种肯定的说法。

"舍利子"是一个人的名字，就是舍利弗，他是佛陀十大弟子之首、"智慧第一"的弟子。舍利弗是个很伟大的人物，很可惜他在佛陀涅槃前三个月涅槃。当他涅槃以后，目犍连尊者又被裸形外道给打死，为教殉难了。所以，佛陀的两大弟子舍利弗、目犍连，在佛陀涅槃之前就去世了。如同父母接连死了儿女，白发人送黑发人，这是一般人认为难忍的事情。

所以，佛陀涅槃以后，经典结集的责任就落到了大迦叶的身上。大迦叶是十大弟子中"头陀第一"的弟子，现在留传的佛法里之所以充满苦行色彩，也都是与他有关系。如果舍利弗、目犍连当初不先佛陀而圆寂，能在佛陀涅槃之后结集经典，那么以舍利弗、目犍连对人间的积极，对人间的热情，对人间的慈心悲愿，佛法的传播应该不是现在这样。

那么，舍利弗为什么要早于佛陀而圆寂呢？因为他不忍看见佛陀涅槃，所以自己先入涅槃。当然，这是因为他能生死自如。

禅宗有一个故事。丹霞天然禅师到北方去参学，由于下大雪，天酷冷，寺院没有好好招呼他，随便给他挂单了事，他就把大殿里的佛像、罗汉像、菩萨像拿下来烤火取暖。

知客师来，一看惊叫："你在烧什么？""我在这里烧舍利。"

那个知客师说："胡说！木头的像怎么会有舍利子呢？""木头的像没有舍利子，那多拿几个来烧有什么要紧？"

看这个故事，我们觉得哪一个人的功夫高？虽然丹霞天然禅师烧佛像，但他是尊敬佛的，因为心中认为木头佛像有舍利子，所以在这里烧舍利。知客师父天天在那里拜佛，却认为这是木头的像，没有舍利。你说哪一个人信仰的层次高？拜的人没有烧的人高！

过去有一位禅师在佛殿里做课诵，突然间咳嗽，吐了一口痰，原本应该吐到痰盂子里，他却吐在佛像的身上。纠察师见了，指责道："你怎么可以把痰吐在佛像上？"这个禅师连忙道歉，但是说完对不起之后，就讲："请告诉我，虚空之中哪里没有佛？我还想要再吐痰。"

有人信的佛，是木刻的佛像；真正的佛，则充满在虚空之中。我们要信的是法身佛，虚空都是法身。所以在佛教的信仰里，虚空都是佛。所谓"空中生妙有"，黄金是空，所以能生出戒子、耳环、手镯、金筷、金碗、金盘子。空是本体，有是现象。

空是什么？有是什么？空是水，有是波；空是水性，有是波浪。大海是什么样？大海波涛汹涌，澎湃不已，排山倒海，千差万别，那就是现象上的有。海只有动的样子吗？非也，海是水，水性是静的，它的本体是静的，因为无明风，而把静的水吹得动荡起来。所以，波浪是动的，但波浪是水，水不是动的，是静的。

我们要认识水性，不必等到风平浪静。一个人有般若,就是在海水波涛汹涌、动荡不停的时候,也能看出水的本性是静的。我们对于千差万别的现象界要认识:它是空的,是静的,都是真如,都是法身,都是实相。本体和现象是不离开的,从本体而有种种差别现象,差别现象归原还是平等的自性。

空是什么?空是理,有是事。空是一个理性,真理的根据;事,同样的道理,可以成就好多的事。佛经里有此一说:"欲会无为理,先从事相看。"无为就是平等、出世间的道理。想要会无为的道理,必须从相上看,从事上看,从动乱里可以知道寂静,从差别里可以知道平等。

空和有是很难懂的:空是精神,有是物质;空是一,有是多;空是平等,有是差别;空是性,有是相。没有差别,怎么知道平等呢?没有平等,怎么会有差别?从一有多,多又归一;千差万别的相状,归原则性一如也。

什么是空和有?用譬喻来说,空是爸爸,有是妈妈。爸爸怎么样?爸爸很严格,父严如日。母亲怎么样?母慈如露。世间万物如果只有太阳照射,统统都晒枯、晒干、晒死了,那不行;如果只有甘露滋润,太潮湿,也是不行。

世间万物的生存,要有太阳的照耀和甘露的滋润,好比人一代又一代地延续生命,要有父亲和母亲的抚育。空是严格的、理性的，就像严父；有是慈悲的，就像慈母。空就是有，有就是空，好比小孩子，光有严格的父亲不能顺利成长，还要有慈悲的母亲。

《禅林宝训》有两句话说："妁之妪之，春夏所以生育也；霜之雪之，秋冬所以成熟也。"春风夏雨，能令万物欣欣向荣；秋霜冬雪，能令万物成熟。宇宙世间，要空有和合、本体现象和合才能成就。空和有是分不开的，春夏秋冬是相聚在一起的，只因众生愚痴成见，才认为空的不是有，有的不是空。

有一个师父，每次收的徒弟长大了以后，都回到社会上去了。为什么？经不起社会的诱惑。这个师父很伤脑筋，心想：这一次收的小徒弟，绝不给他在世间受诱惑，要把他带到深山里去修炼。

于是，他就把两个小孩带到深山里修炼。等到他们长到十七八岁的时候，这个师父想给他们考试。怎么考法？师父带着他们到都市里游玩，以便观察他们是不是会受都市的诱惑。结果，这俩小男孩到了都市里，什么都不要看，专门看漂亮的女人。这个师父就说了："不要看！那都是吃人的老虎。"

到都市走了一遭，回到山里后，师父问："徒弟！今天带你们到都市里玩，都市里有高楼，有车子……你们说什么东西最好看呢？"两个徒弟不约而同地说："吃人的老虎最好看。"

为什么"吃人的老虎"最好看?这叫习性,所谓习性难改。

人依习性往往会错看人间的事物,而佛法是用空和有,用"色即是空,空即是色"、"色不异空,空不异色",更高一层的境界来看世间,情况也就不一样了。

"智慧第一"的舍利弗、"神通第一"的目犍连原先都是婆罗门教的领袖,拥有很多的弟子。有一天,舍利弗在街上看到一个穿着袈裟的出家人,身相庄严,心想:"我们这里怎么会有这样的修道人呢?"于是问道:"你是哪里人氏?你叫什么名字?你的老师是谁?他跟你们讲些什么?"这个出家人就是佛陀最初度化的五比丘之一的阿舍婆阇,又叫阿说示。他说:"我叫阿说示,我的老师是释迦牟尼佛,他跟我们讲说:'诸法因缘生,诸法因缘灭,我佛大沙门,常作如是说。'"

各位现在听到"诸法因缘生,诸法因缘灭",会觉得:这有什么了不起?可是舍利弗一听:"这可不得了了!"怎么不得了?几十年的修行、追求、探讨,想不通的问题顿时都得到了答案,迷妄迷执瞬间豁然开通,觉悟了。

一切世间森罗万象是怎么会有的呢?因缘而有。世间诸法又是怎么会没有的呢?因缘灭了。佛教的教义是圆的，凡事讲因缘和合。人从哪里来？因缘和合而有。说到因缘，一花一草、一事一物，甚至整个宇宙万法，都在因缘里面。

舍利弗回去后，赶紧找目犍连，告诉他："我们遇到明师了，我们有老师了！"目犍连说："不要乱说，世上哪里有人够资格做我们的老师？""有的，他是释迦牟尼佛。""他怎么可以做我们的老师？""我还没见到他，但是他的弟子告诉我'诸法因缘生，诸法因缘灭'。"

舍利弗这一讲，目犍连也开悟了，两个人非常地欢喜："我们遇到老师了！"于是就把所有的弟子门徒一起带去精舍，礼拜释迦牟尼佛做他们的老师。释迦牟尼佛常说的"千二百五十人俱"里头，有很多就是他们的弟子。而舍利弗、目犍连就是佛陀最初的大弟子、左右手，佛法的开展与他们有很大的关系。

当佛陀在南方摩竭陀国，还没有到北印度憍萨弥罗国弘法时，憍萨弥罗国的须达长者就来邀请佛陀到北方说法。佛陀说："这么多人都要到北方去，怎么有地方说法呢？"于是须达长者发了大心，买下波斯匿王的儿子祇陀太子的花园。花园全是用黄金铺地，在这里，他兴建了祇园精舍。这个讲堂可大了，能容纳上万人。督导工程的是谁？就是舍利弗。佛陀说："你先到北方去把祇园精舍建好，我马上带着你的师兄弟们到北方来。"所以佛法在印度的传播与舍利弗有很大的关系。

《般若心经》一开始为什么就说"舍利子"？因为对一般人讲般若智慧，是听不懂的，所以要对大智慧的人说。在佛陀讲说的经典里，一定会有个当机者，例如讲《金刚经》讲空时，须菩提是当机众；讲《弥陀经》时，舍利弗是当机众。毕竟十万亿佛土以外的极乐世界，没有大智慧者，怎么会相信这是事实呢？因此，现在讲《般若心经》，讲到宇宙人生的本体论、现象论，也必须有一个大智慧的人做当机者，那个当机众就是舍利弗。

《般若心经》如何说明空和色的关系？一般人认为空和色没有关系，色就是有，空就是无，色和空、有和无，统统都没有关系，有的不是无，无的不是有。这是错误的认知。

《般若心经》为色和空、有与无建立了关系。大家不要以为：有无是两个，有不是没有，没有不是有，其界限分明。有和无就是色和空，在《般若心经》里，用"不异"、"即是"把它们调和起来。"不异"，就是"不是不同"，有和无不是不同。我们往往把有和无视为不同，其实它们并没有不同，有和无"即是"，所谓"色即是空，空即是色"，"不异"和"即是"把空有的关系说得很微妙。

那么，这个世间究竟是空还是有呢？

有一个老和尚正在打坐，大徒弟来了，对师

父说:"师父慈悲,在这个世间一天到晚讲空啊空,吓得人都不敢信佛教了。天也空,地也空,妻子儿女都是空,哪一个敢来信佛教?应该讲有,有才能契合众生的根机,哪个人不希望有功名富贵,有妻子儿女,有田地房屋?"师父就跟大徒弟点点头说:"你说得对,说得对。"大徒弟很高兴地走了。

过一会儿,小徒弟来了,说:"师父,现在的佛法怎么都这么廉价出售,都是讲一些方便的法门?有,有富贵、有功名、有妻子、有儿女,这不是佛法本来的精神。佛法本来的精神是空,空才是真实,空才是实相,空才是真理,空才是价值。"师父一听,答:"你说得对!"小徒弟也高兴地走了。

站在一旁的侍者给弄糊涂了:大徒弟说对人间讲有,你说对;小徒弟跑来说对人间应该讲空,你又说对。奇怪!奇怪!他忍不住问道:"老和尚,究竟是空对呢?还是有对呢?"老和尚说:"你的对。"

谁对?老和尚最对。老和尚讲的空就是有,老和尚讲的有就是空,色即是空,空即是色,色不异空,空不异色,讲空讲有都对。说空是有上的空,说有是空里的有,空和有是真空不碍妙有,妙有不碍真空。空和有是一物的两面,不是两个东西,它们是分不开的,它们是"即是",它们是"不异"。

什么是空?什么是有?它们怎么会有关系呢?

举个例子说，空是黄金，有是器。一块黄金，把它做成耳环，戴到耳朵上；做成戒子，戴在手上；做个洋娃娃，可以把它当装饰用。我们说这是耳环、这是戒子、这是洋娃娃，其实耳环、戒子、洋娃娃都是黄金。黄金是本体，器具只不过是种种的差别相。

供在桌前的佛像，无论是纸的也好，布的也好，泥塑的、木雕的也好，它在我们的心里也已经不是泥塑、木雕、纸做的佛像，他在我的心里是佛祖，是我拜的佛祖。

其实，真正说来，佛教是不拜偶像的，佛教教导我们的是从有相归于无相，是没有偶像观念的。偶像是有相，有菩萨、有佛、有罗汉、有高僧。空才是无相。

讲到色与空，就是讲有和无的关系，就是讲精神与物质的关系。所谓"色不异空"，就是说有和无没有不同，精神和物质也没有两样。色和空、精神和物质、有和无的关系如何表示呢？《般若心经》以"不异"和"即是"来表示。

"不异"就是"同而非异"。所谓"色不异空，空不异色"，也就是色不离开空，空不离开色，精神不离开物质，物质也不离开精神。把空和有说成"不异"，用现代话来讲就是破除我人的旧思想，因为在我们的思想里，空和有是两回事，精神和物质也是两回事。

这里讲的"空即是色，色即是空"，所谓"即是"，就是在"建立我人的新观念"。"即是"又比"不异"更进一步，精神和物质、有和无，不但是"不异"、不离开，还是"即是"，精神就是物质，物质就是精神，有就是无，无就是有。

我们或许会想：这个新观念怎么建立得起来呢？有就是无，无就是有，这太矛盾了，精神怎么会是物质呢？物质怎么会是精神呢？物质是物质，精神是精神啊！

让我举个例子。有一天，我带了好多学生进行一道水泥墙壁的工程，由于沙石、水泥很笨重，我看他们做得很累，就说："我们休息十分钟！"利用这个时间，我就和他们说："我们做的这一道墙壁，它是物质的，但是唯识家讲'三界唯心，万法唯识'，这个宇宙世界与精神是有关系的，因此，现在大家要把我们的精神，把我们的发心，灌输到物质里去。我人死了，精神与物质还是存在。你们说这栋房子是物质的，但是经过了设计师的画图，这栋房子就有这位设计师的精神、智慧在里面；一砖一瓦的建筑里，有工人的血汗、力气与精神，有多少艺术师的装潢，他们的智慧精神也都在这栋房子里面。"

看起来是物质的东西，里面却留住了精神的力量。光是物质的砂石，没有精神的内涵，怎么成为一间房子呢？

所以，物质里面是有精神的。

如何表现我们的精神呢？你说我很有精神，是什么精神？是我勤劳的精神、禅的精神、忍耐的精神，还是悲愿的精神？精神有很多种类，要想表现精神，就要从具体的有相的物质来表现无相的精神。精神和物质是有关系的。

中国人有"三不朽"的思想，所谓立德、立言、立功。好比佛陀要涅槃的时候，诸大弟子都来请求佛陀不要涅槃，常住世间。佛陀就说了："我说过，有为法是苦空无常，那么现在你们要我有为的身体不死，这就不是真理，就不合理了。你以为我是死了吗？死不了的。我说的佛法如果流布在人间，大家都遵照佛法来奉行，不就等于我在世一样吗？你们放心，如来的法身，永远留在人间，法身就是精神，如来的精神永远存在这个世间，与宇宙大化融为一体，永远地照顾大家。"

有人也会这样问："信佛的人常讲'你要念阿弥陀佛'，阿弥陀佛在哪里？"在极乐世界。"'你要念药师佛'，药师佛在哪里？"东方琉璃世界。"释迦牟尼佛在哪里？"释迦牟尼佛在我们这个娑婆世界。你说："我怎么没有见到呢？"有一句话说："菩萨清凉月，常游毕竟空；众生心垢净，菩提月现前。"心湖里的水是肮脏的，清凉的月当然就不能映现出来了，我们不能怪天上没有月亮啊！

所谓"般若的花朵处处开，般若的花朵处处在"，佛也是一样，佛的法身处处在，横遍十方，竖穷三际。你若能懂，一色一香都是中道，一花一草皆是般若。故华严家说："青青翠竹无非般若，郁郁黄花皆是妙谛。"你如果懂得般若，青青杨柳、绿色翠竹，都是如来的法身；你如果懂得般若，小溪里的流水、冷气发出的声音，都是如来说法的音声。

我们可以看到历代的祖师大德们：有的人看到桃花开了、桃花谢了，他就觉悟了；有的人听到杀牛杀猪的音声，他就开悟了；有的人听到人家打铁的声音，他开悟了；有的人在除草中开悟了；有的人在磨豆腐时开悟了。打铁、除草、磨豆腐，甚至花开花谢，与佛法有什么关系？其实只因机缘到了，因缘就成熟了。

过去佛教有一位香严智闲禅师，在百丈禅师那里学道；后来百丈禅师年老了，指示他向沩山禅师学道。香严禅师很聪明，年轻有为，到了沩山禅师那里，沩山禅师说："师弟，听师父说你闻一知十，闻十知百，很聪明。不过，今天我有一个问题问你，请你回答我。"

香严禅师说："什么问题？"沩山禅师问："父母没有生我们之前，我的本来面貌是什么？"香严智闲禅师一听，想："这个问题怎么回答呢？"

父母还没有生养我们之前，我们做什么，我们知道吗？不知道。为什么？人有隔阴之迷。过去的身体死亡了，换了一个身体，隔了一个阴，到了今世，就迷糊了，过去事也都不记得了。虽然人生从过去无量阿僧祇劫以来就生生死死、死死生生，不过这个身体一换，我是张王李赵，都记不得了。

香严智闲禅师百思不得其解，在师兄的面前第一关就没有通过，感到很难为情。回到房间里面他就努力地看书，找寻答案，但始终找不到。忽然间，他想到："读书，光是读是没有用的，是没有真实体悟的。"于是他就把所有的书统统烧毁，不再读书了。"读书有什么用？师兄问我问题，我都回答不出来。"从此做个粥饭僧。什么是粥饭僧？每天就是吃饭、睡觉，不读书了。

在僧团里，要当个粥饭僧也是不容易的。怎么难做？如同小时候，妈妈常常骂小孩："你闲得无聊。"太闲，日子也不好过。所以很多的大德们，名之曰粥饭僧，实际上他们都有密行，都是真修实练的。

从此香严智闲向师兄告别。既是粥饭僧就要去自耕自食，去种田除草，于是他就到南阳慧忠国师的故居自耕自食去了。

有一天，他在那里除草的时候，锄头和石头碰撞的那一刹那，他突然开悟了，想起过去师兄问他:"父母未生我之前是何本来面貌?"当时他不知道,就请师兄告诉他,不料师兄不愿告诉他,并且说:"我若告诉你,将来你是要骂我的。"那么他现在悟道了,立刻向遥远的师兄礼拜,他说:"和尚、师兄、老师大慈悲,假如你当初跟我说了,用知识上的见解告诉我,我哪里会有今天?今天我终于知道了!"于是他放下锄头,不断礼拜。拜过了以后,说了这样的几句话:

一击忘所知,更不假修持,动容扬古道,不堕悄然机。

处处无踪迹,声色外威仪,诸方学道者,咸言上上机。

他说:"一击忘所知",我今天在锄田的时候,一击便忘记了知识,忘记了分别的知识,离开了分别,就悟道了。我现在拥有般若、平等、无分别的智慧,跟过去的分别心是不一样了。"更不假修持",从此以后,我也不要再修行了。"动容扬古道",原来一举一动,一扬眉一瞬目,都是古仙人道,都是圣贤之道,都是佛道,这里面都是佛法。"不堕悄然机",我从此以后不再卖弄聪明了。"处处无踪迹,声色外威仪",原来人所探求的,都是一个形相,但是佛法是没有踪迹、没有形相的,所以要在声色之外,找寻佛法、威仪;要在有相之外,体悟般若的平等、毕竟空。最后,"诸方学道者,咸言上上机"。

智闲禅师说了这些话以后,消息就传到他的师兄耳中,便说:"真的开悟,假的开悟?叫个人去试验他!"于是就叫仰山禅师去试验他。

开悟也是要考试的,就像我们要想上中学上大学必须先经过考试,佛教里的修行也是要考试。例如打佛七,念佛念到四天、五天以后做个考试,了解自己究竟念佛念到什么程度了。当然,除了念佛,参禅、开悟也一样可以考试。

仰山禅师一到,说道:"师兄!听说你已经开悟了,还做了一首偈子。这没有了不起,有学问的人也能做。除了做这个偈子,你跟我说个道理好不好?"香严智闲禅师就说了:

去年贫,未是贫,今年贫,真是贫;
去年贫,犹有立锥之地,今年贫,立锥之地也无。

这一首偈子,从字面上来看是说:"去年贫,未是贫",去年不懂,不只是不懂,简直是愚昧分别;"今年贫,真是贫",现在真穷了,而我已懂得空了,不在形相上执著有。"去年贫,犹有立锥之地",过去我还在有依据、有相、有执著里;"今年贫，立锥之地也无"，现在我已经完全进入到空的般若，进入到真理里面去了。

仰山禅师听了很高兴，说道："师兄，我回去再向大师兄说，你真的会得祖师禅了，真的开悟了！"

所以，我们除了要认识"色不异空"的"不异"，还要认识"色即是空"的"即是"，把我们旧的思想去除，并建设我们新的观念。

"色不异空"这句话，依经文的道理来解释，就叫"万有不离真如"，亦即万有不离本体。色是万有，空是本体，万有没有离开本体。而"空不异色"这一句话若用白话文来翻译，就是"真如不离缘起"。所谓"空"就是真如，"色"就是缘起，真如没有离开万有的缘起，也就是本体不离开现象。

"色即是空"，也就是万有依真如而起，万有当体就是真如。"空即是色"，真如是为万有所依，真如既为万有所依，它的当下也就是本体。除了色和空是这样的关系，五蕴中也不光是"色"如此，"受想行识，亦复如是"，受想行识也是如此。物质的色和空是这样的关系，而受想行识和空的关系、和本体的关系也是如此。

我们现在讲色和空是"不异"，是"即是"；就是说有就是无，无就是有，有不离开无，无不离开有。再用其他的譬喻来说明："什么东西都是有的。"这一句话是错误的。你以为什么东西都是有吗？有时候我们看太阳，看过以后,眼冒金星;有时候蹲在地下,忽然之间站起来,头昏目眩,大地摇动。真的有金星吗?大地真有摇动吗?你以为是有的,其实不一定是有的;你以为是这样的,其实并不是这样的。

有时候,我们坐在静止的火车上,旁边的火车一开动,我们会以为自己乘坐的火车在走动。这是一种感受上的错误,类似这样的事情,在日常生活中经常发生。

说"真如",什么是真如?拿来给我看!说"佛性",什么是佛性?拿来给我看!胡适之博士有一句名言:"拿出证据来。"那么,拿出证据来证明真如、佛性的存在吧!好的,我们就拿出证据来吧!你爱不爱你的父母?爱。你爱不爱你的丈夫妻子?爱。你爱不爱你的儿女?爱。你爱不爱你的朋友?爱。所以,大家都有爱。我们现在要找出爱在身体的哪个部位,找来科学家解剖,把头剖开,看看头里面有爱吗?骨头里面有爱吗?血液里面有爱吗?这样做,爱找得出来吗?找不出来!但你不能说没有,因为我确实有爱的存在。

这个精神的空,这个真理,孕育在一切万有里面,它包容了万有,它不是没有。

灯怎么会亮?因为有电。那么电在哪里?在电线里面!好,那么把电线一根一根剪开来看,是否真有电？电线剪开后，里头包嵌的铜条、铜丝蕴含的电，能看到吗？所以，以为什么都是有，有时候是错误的；以为什么都没有，也是错误的。有一些东西像是有，可是没有；有一些东西像是没有，可是是有，这就是有和无的关系、空和色的关系。像是有的，却是没有，像是没有的，却是有。所以，有和无是二而为一，一而为二，它们是不异不离，相即相是，因此就用"不异"、"即是"来表示空色的关系、有无的关系。

讲到"空"，什么是空？从肯定上说，什么都是空。什么是空？不但空是空，有也是空。

有一个外道问一休禅师："什么是空？空在哪里？"一休禅师说："空在方寸之间。"于是外道拿起刀来，就朝一休和尚的心刺去，他说："你说在方寸之间，我倒是要看一看方寸之间的空是什么样子。"一休禅师平淡地说："你到上野公园去看樱花，究竟樱花的心在哪里？"

花没有开，是什么？"色即是空"。花开了，又是什么？"空即是色"。有时候，空和色正是这样的一个关系。

从肯定方面来讲空，什么都是空。虚空之中包容了万有，万有也都在虚空之中。我们哪一个人不是在空里，哪一个离开空？离开了空怎么能生活、怎么能存在？

每个人都有房子，房子就是我们生存生活的空间。除了房子以外，还有朋友，有社会，有政府给予我们活动的公园、行走的道路等空间。甚至自己的身体，衣服不能穿得太紧，不能没有一点空间。我的口袋要空下来，不能没有空间放东西。平常保护眼睛，保护耳朵，保护口腔，保护鼻子，为什么？使我们的空间顺畅，有空间才能生存。虚空有了万有，有了我们，这是从肯定上来说明空。

无我的状态

舍利子，是诸法空相，不生不灭，不垢不净，不增不减。

再从否定上来解释空。经云："舍利子，是诸法空相，不生不灭，不垢不净，不增不减。"什么是空？"不"。什么是空？"无"。

说到"是诸法空相"，"空相"这两个字的解释就是"空的样子"，人相就是人的样子，菩萨相就是菩萨的样子。空的样子是什么呢？空相就是实相，相要空才是实相。我们人生真实的样子是什么？是空相。宇宙真实的样子是什么？是空相。空的样子就是真实的样子，我们不认识空的样子，对宇宙人生真实的样子就不能认识。

《金刚经》说：虚空四维上下可思量否？不可以思量，

虚空无相。

虚空是什么样子？你说虚空是方的吗？不是。是圆的吗？是长的吗？长方形、圆形、四方形都不是虚空的样子。虚空是无相，无所不相。如果你建的是长方形的房子，虚空就是长方形的样子；建的是圆形的房子，虚空就是圆形的样子。因为虚空无相，就无所不相。

从否定上看空的样子，可以举一个禅宗故事来了解。

福建福州有一位古灵禅师，他在百丈禅师那里开悟了。他开悟后心想："我之所以能认识自己，认识我的空相、我的本来面目，是剃度师收我做徒弟，给我出家，我才能有今日。所以，现在第一件事情就是要回去报师父的恩惠。"于是他就从百丈禅师那里回到福州。

师父一看到徒弟回来了，就问："你在外面参学，有得到些什么东西吗？"答："没有得到什么东西。"

"有做些什么事业吗？"答："没有做什么事业。"

师父一听，心想这个人也是没有用："好了，好了，在家帮帮忙，回来做做事。"于是古灵禅师就这样天天扫地、种花、煮饭。

年老的师父有时候洗澡不便，就跟古灵禅师说："帮我擦背。"于是古灵禅师就替师父擦背，擦啊擦的，碰到师父的背，就说："好一所佛堂，可惜有佛不圣。"他把师父的身体喻为一座佛堂，并有感而发地说，这么好的佛堂，里面应该要有佛，很可惜里面的佛没有成佛。意思就是说师父没有开悟。

这个师父想：徒弟替我擦背，竟然说"好一所佛堂，可惜有佛不圣"，这么胆大妄言！于是他转过头来看一看徒弟，古灵禅师又说了："佛虽然不圣，还会放光。"意思是说，虽然没有成佛，但是还有作用，师父朝他一看，表示还会放光。

像这样子的奇怪语言，他一再地说，师父开始觉得莫名其妙。有一天，师父在窗下看经。古代的窗子都是棉纸糊的，不像现在是玻璃制成。师父看经的时候，有一只苍蝇老是想要朝窗子飞去，但是怎么钻就是钻不出去，一碰到窗子就掉下来；停顿了一下之后，再飞起，还想要飞出去。

徒弟一看，说："世间如许广阔你不肯出，钻它驴年故纸做什么？"古灵禅师看起来是在骂苍蝇，世间这么广阔你不去，你在纸上钻什么？实际上这句话是在讽刺师父：这个虚空之大，悟道的机会之多，你都不能走出去吗？天天看经、看书，在知识上找，不在心地上找，世间如许广阔你不去，你钻驴年故纸，在纸上哪里能找得到？

听出他话里有话，师父就说："喂！你刚才讲什么？"他说："我刚才讲的是一首偈子，'空门不肯出，投窗也太痴，百年钻故纸，何日出头时？'"

哪一天才能开悟呢？

师父这一听，就说："自从你回来，常常讲这许多话，而且话中有话，你究竟跟哪一位老师得到了什么，开悟了吗？"

古灵禅师说："实不相瞒，我在百丈先师那里已得到身心安住的地方。"

"这样啊，了不起！好，搭台，准备宝座，请你升座说法。"

徒弟开悟，师父向他请法，这在佛教里是很了不起的事。例如古代有名的译经家鸠摩罗什，过去他的老师盘达多是小乘行者，在鸠摩罗什成为大乘佛法的高僧之后，盘达多回过头来向鸠摩罗什学习大乘佛法，甘愿做他的学生，自此"大乘小乘互为师"成为美谈。

"不生不灭"，我们追求功名富贵，是永远不能满足的；吃药打针、运动健身，身体再怎么好，也是靠不住的，总有一天会坏去。因此，《般若心经》告诉我们，在虚妄的相上增加、计较，是没有结果的，要在实相上、空相上体会体悟，那里面才有个不生不灭、永恒的生命。

"不垢不净"，什么是我们的本来面目？什么是空的真实样子呢？

不垢不净，空的性质不是用肮脏或用干净来说的，是超越垢净的，因为尘垢也好，清净也好，都是对待法。什么叫作垢，什么叫作净，有没有标准？肮脏和清净是没有标准的。

举例说，喜欢吃小鱼小虾的人，把它们放在油里炸一炸后，酱油一沾，吃到嘴里，觉得很好吃、好鲜美。尽管小鱼小虾的大便、小便还在身体里，也觉得好香、好鲜。不喜欢吃的人呢？尽管你弄个小鱼小虾来，还说："这个很干净，我洗了又洗，没有大便、小便、没有肠胃，都是肉。"他也不吃。所以肮脏和干净的标准是很难说的。这就是虚妄的业识所招感的结果不一样。

又例如，猪在猪圈里生活，有的人觉得那里既肮脏又臭，实在叫人看了不忍心，想要把它放出来，让它到干净一点的地方生活。但是一旦换了地方，猪一定不安心，因为它喜欢住在肮脏臭秽的地方。

过去，几个捕鱼的人来到一个地方，天晚了，没有地方住，刚好有一间花店在路旁，于是就向花店的主人借宿一晚。睡觉时间到了，捕鱼卖鱼的这一班人翻来覆去，怎么样都睡不着。为什么睡不着？花太香了。怎么办呢？明天还要赶路。有一个人就说："这样好了，把我们的鱼篓子搬进来，我们闻到鱼篓子的腥味就睡得着觉了。"果真，大家闻到鱼腥味之后，全都睡着了。所以，垢净是没有标准的。这也说明了这个世间的善恶没有标准：善恶是法，法非善恶。

空就是实相。实相是什么样子？是这个样子：拳头张开，变成五根指头；五根指头合起来，又成了一个拳头；拳头张开，又再变成五根指头。实相是本体，万物依缘，依本体而起，也就是空相。

所以，我们如何认识自己的本来面貌？超越对待，超越善恶，超越有无，超越人我，就能找到本来面貌。

空相是"不增不减"。佛经有云："在圣不增，在凡不减，心佛众生，三无差别。"若有人说他修行成佛了，其实没有佛可成的。在《金刚经》里佛陀也说，我过去于燃灯佛所，无法可得阿耨多罗三藐三菩提……假如有法可得阿耨多罗三藐三菩提，燃灯佛即不与我授记，作是言："汝于来世，当得作佛，号释迦牟尼。"

有法可得就是无得，无法可得才是有得。

那么，我们得法要得什么法？得无得的法！我们修行，要修无修的修！说话要说无说的说，得要得无得的得，证要证无证的证。我说我现在有好多的话要告诉你们，"多"是什么？释迦牟尼佛说："我所说法如爪上泥。"佛陀所说的三藏十二部就只有指甲上的泥土这么一点点；"我所未说的法如大地土"，佛陀没有说的才多呢。所以，法，无限无量，怎么说得了；有所说，即为非说。

我们读到《维摩经》，多少菩萨在那里讨论不二法门,最后就请问文殊菩萨:"什么是不二法门?"文殊菩萨说:"无言,无说。"没有语言,没有言说,没有文字;"无思,无始。"没有思想,没有开始。所以,离开语言、文字、思想,开始以外的那个状态,就叫"不二法门"。

文殊菩萨说完再问维摩居士:"维摩居士,大家都在这里讨论不二法门,请你老维摩也告诉大家什么是不二法门。"维摩居士眼睛一闭,文殊菩萨称赞道:"好啊,好啊!妙啊,妙啊!"什么妙啊?无言胜有言,无说胜有说。最好的辩论是不辩论,最好的语言是心里的语言、心里的沟通,是心心相印,不是从这个耳朵进,那个耳朵出。

曾有一位很有名气的艺术家,在佛光山丛林学院教授音乐,我请他为学生教授佛教梵呗、佛教歌曲。他在音乐方面的知识广博,在课堂上总是用最好的设备播放世界各国的古典音乐、热门音乐给大家听,他自己也听得陶醉。后来就问同学:"你们说,哪一节最美?哪一节最好听?"有一位同学说:"停下来的时候最好听。"

没有声音最好听。人在无声的世界里,要去感受人们善良的言语,这种无言的开示才是真开示。所以,实相是不增不减的,增减太多就不是真理了。

《楞严经》里记载,有一个年轻貌美的小姐,叫作演若达多,喜欢照镜子,欣赏自己的美貌。有一天她拿镜子出来照的时候,忽然产生一个错觉,自己的头不见了,一着急,四处叫喊着:"我的头呢?"自此开始,她神经错乱了,常常在街上到处跟人家说:"我的头呢?我的头呢?"人家都说:"头不是在你的身上吗?你怎么还到处找头呢?""我没有头了,你们把头给我,我没有头了!"就这样,她到处流浪,到处跟人要头。

有一天,一位佛教大德知道了她的情况,要度化她。她看到这位大比丘,一样问他:"我的头呢,我的头呢?还我的头,还我的头来!"那位大德比丘上前就给了她一个耳光。"你怎么打我?""我什么时候打你?""你打我的头。""既然说我打你的头,那你还跟我要头做什么?""我有头呀?我的头在这里嘛!"她这才恍然大悟,原来头就在自己身上!她向人要头,也没有失去头;她知道有头,也没有增加头。就好比我们的本性没有增减。

所谓"竖穷三际,横遍十方",人的佛性在时间里是"竖穷三际",在空间里是"横遍十方"。由于我们不懂自己的本性如恒河沙般无量,不懂自己的本性顶天立地,具有普遍性,那么活在虚妄的世界里,也就患得患失了。

学了《般若心经》之后,我们应该知道,我们的本来面目是"不生不灭,不垢不净,不增不减,是故空中无色,无受想行识。"我们要知道空、真理之中,是无色受想行识,是无我的。

超越身心的限制

是故空中无色，无受想行识，无眼耳鼻舌身意，无色声香味触法；无眼界，乃至无意识界。

我们的真空、本性、本体里，没有色受想行识，不但没有色受想行识，也"无眼耳鼻舌身意，无色声香味触法，无眼界，乃至无意识界"。有人一听，或许会心生害怕。为什么？真空里怎么会"无眼耳鼻舌身意"？其实，不是说真的无，不是断灭的无，你若能在眼耳鼻舌身上，认识无眼耳鼻舌身，那个就是真我。

读到《般若心经》里的"无色受想行识，无眼耳鼻舌身意，无色声香味触法"，我们先来理解这个"无"。

有一个沙弥才开始念《般若心经》，愈念愈怀疑，忍不住去请示师父。

"师父，这是什么？""傻瓜，那个是眼睛。"

"这是什么？""耳朵。"

"这是什么？""鼻子。你今天怎么尽问我这些奇怪的问题？眼耳鼻舌身是我们身体上的六根，你怎么会不知道？"

沙弥说："师父！《般若心经》里跟我们说，无眼、无耳、无鼻、无舌、无身，你怎么跟我说这是眼睛、这是耳朵、这是鼻子呢？"

为什么《般若心经》要讲"无眼耳鼻舌身意"？佛教讲"依法不依人"，所以我们称在家居士为"护法"，也就是说居士要护法。

佛法有所谓"四依止"：依法不依人，依智不依识，依义不依语，依了义不依不了义。

依止什么，也是有标准的。我们要依法不依人。

古灵禅师登座说法，他说了几句话，内容就是我们现在讲的《般若心经》的般若智性。他说："心性无染，本自圆成，但离妄缘，即如如佛。"

"心性无染"，我们的真心佛性、本来面貌是无价之宝，那是真我，不是五蕴的我。五蕴的我是假我，而真的我则是无染的。"本自圆成"，这个东西不是父母生的，父母可以生我们的人，但是不能生佛。先前说过，摩耶夫人可以生悉达多太子，但是不能生释迦牟尼佛；释迦如来是般若生的，般若是他的母亲。父母生养了我们的身体,但不能生养我们的佛性;我们的佛性是本来就有的,不用父母生也会有。

为什么我的真如佛性死不了?因为人的佛性是不死的,是永远的。"但离妄缘,即如如佛",只要你离开虚妄的妄缘,真如的佛性就会显现出来。

等于一面镜子,之所以照不出人的面貌,是因为镜子上的灰尘太多了,如果你把灰尘去除了,镜子的光就显现出来了。不过,虽然灰尘把镜子弄模糊了,照不出人的面目,但镜子的光还是存在。

我们用水和波来理解烦恼和菩提。水的性本来是静的,等同真如,风吹起,产生波浪,就是烦恼。烦恼是虚妄的,当烦恼停下来的时候,就如同水性,是平静的,真如也就显现出来了。所以这一首偈子也可以比喻:水的性本来是不动的,是寂静的,只因无明的风妄动了,才生起波浪;当风一停下来,寂静的水性也就出来了。我们也不一定要等到风平浪静,才看到本性的寂静;运用般若,观照在生死苦海里面流转的人生,也会知道人的本性是寂静的,法身不动。

诸法的本来面貌是什么?人的本来面貌是什么?宇宙人生的本来面貌是什么样子的呢?《般若心经》以"不生不灭,不垢不净,不增不减"六个"不"来形容。所谓"不生不灭"是说明一切事物的个体存在不存在。生就是存在,灭就是不存在,那么我们要问:"这个人生、世界、一切诸法，究竟是存不存在呢？"当然，《般若心经》里已经回答我们"不生不灭"——没有生也没有死。

一切诸法的性质，是善是恶？是清净还是垢秽呢？从性质方面来说，它不垢不净。所以，不可用"净秽"来形容诸法，法的空相是没有生灭，没有垢净，在数量上也是没有增减的。

说到我们的空相，我们的本来面貌"不生不灭"。例如，小孩子出生了，"恭喜恭喜，你生养了个儿子！"有人死了，"哎哟！死了真可惜！"像这样生了就欢喜，死了就悲伤，就是人的执著和愚痴。为什么会死？因为生，生了才会死。那么我们为什么要等到人死了之后才悲伤呢？生的时候不就说明他一定会死吗？生死等于唇齿相依，相连在一起。

其实，生未尝生，死也未尝死。看到东方的太阳升起，过了一会儿它又在西山落下了，可谓"夕阳无限好，只是近黄昏"。但是我们以为太阳落下去就没有了？明天早上它又再升起了！所谓升起、落下，就等于人的生死，生了死，死了生，生生死死，死死生生，没有停息。生也不足喜，死也不可悲，在这个空相里面，没有生死，没有生灭。在这个世间，虚妄的假相才有生死，真实的般若智性没有生死。

有一位老先生过八十岁生日，请了良宽上人到家里接受供养，并请他诵经、祈祷、祝福。良宽上人一到，说："老人家，你要我来替你祝寿、祈祷、祝福，我要请问你，你想要活多久呢？这样我才好告诉菩萨。"

"一百岁。""一百岁就够了吗？你今年不是八十了吗？再二十年就要死了，太短了。"

老先生心想，这个良宽这么慈悲，我求二十岁，他却说太少了。于是开口问："师父啊！你看我应该求多少岁？"

"求无量寿嘛！这就不死了。""那怎么样子才能不死呢？"

于是，良宽禅师说了两句话："结草成茅庵，离散归原野。"

这两句话很耐人寻味。"结草成茅庵"：把很多的茅草结合在一起，就能成就一间庵堂，好比把钢筋、水泥合成，就能建造一间房子。"离散归原野"：庵堂、房子坏去之后，这许多的茅草、泥土又归到原野去了。

人是因缘和合而有，是众多的因缘而成就我的存在。有人就有相，那么四大离散了以后，也就还本归元，有相归无相。所以，在相上求是不能无量寿的，要经由修行、证道、开悟、证涅槃，才能得无量寿。证悟了涅槃，则死也不是死了。世间是有生死的，而悟到了出世间法，就没有生死了，离散就能归原。

人要求无量寿吗？若要，那么就要学佛。因为无论是在八十岁的时候求能活到一百岁，或是在一百岁的时候求活到二百岁，最后都要死。要求无量寿，"阿弥陀佛"就是无量寿、无量光的意思。阿弥陀佛为什么是无量寿呢？时间无限，他的生命与无限的时间同流。什么是无量光？光明无量，他的生命流入光明遍照的空间里。生命超越了时间，超越了空间，那就是阿弥陀佛，那就是我们的本来面貌，就是空相，是不生不死的。

传说中，彭祖活了八百岁，就算是八百岁也要死。无论是十年、一百年、一千年、二千年或是二十世纪、三十世纪，在无限的时间里，这都是石火电光、一弹指间，实在太有限了。所以现在我们研读《般若心经》，最要注意的就是如何把有限的生命流入无限的时空里。在虚妄的相上去增加、计较，都是没有结果的；要在实相、空相上去体会、体悟，那里面才有不生不灭的生命，才有永恒的生命。

《般若心经》里所说的空相，就是真空里没有眼耳鼻舌身意，没有色声香味触法。

在佛教里，眼耳鼻舌身意叫"六根"，也有叫"六识"。同样的眼耳鼻舌身意，为什么又要叫

"根",又要叫"识"呢？

根等于现在医学界所说的神经系统，眼根就是视觉神经，耳根就是听觉神经。视觉、听觉、味觉、嗅觉、触觉神经，就叫作"六根"。识和根不一样，识是心理作用，是意识作用，它有分辨的作用，是属于心理的，不光是生理的。

我们知道，五蕴的"蕴"是积聚的意思。而五蕴又叫"五蕴山"，五蕴如山，这座山里面有很多的宝贝。山也有盖覆、积聚的意思，因此，五蕴又称做"五阴"，"阴"就是盖覆的意思。五阴、五蕴的内容都是色受想行识。

根，有增长的意思。比方花怎么会开？因为花有根。树怎么会成长？因为树有根。识，是认识、了别。眼根生起了，马上就经过眼识去分别。

色声香味触法叫"六尘"，"尘"有染污、动摇的意思。好比空中好多的微尘，让家里布满了尘埃，让空气遭受到污染。其实，在世间，所谓色声香味触法，哪一样不是像灰尘一样染污着我们的心呢？所以就叫"六尘"。

根，是生理的作用；识，是心理的作用；尘，是物理的作用。所以，六根，讲的是身体；六识，讲的是心理；六尘，讲的是物理。

六根是生理的，六识是心理的，六尘是物理的。

举个例子说明六根、六尘、六识之间的关系。眼根同外面的尘境接触了，例如眼睛看到了花，那么这当中一定还要有一个认识作用，才能辨别这是红的花还是白的花。

有时候我们正在专心做事的时候，有人从旁边经过，我们并不知道那是什么人；有时候我们正在专注看书的时候，什么人经过了，也没有去注意。所谓听而不闻，视而不见，为什么？光是有根和尘的接触，没有起心识的分别，物我就不能产生一种认识和了知的作用。

六根和六尘摆在一起，叫"十二处"。处，是一切法的分类、一切东西的分类。例如，这是眼根、耳根、舌根，那是色尘、香尘、味尘；这个是男众，那个是女众；这是横梁，那是柱子；这是椅子，那是桌子。

有时候也把六根、六尘、六识合起来，叫"十八界"。为什么从六到十二，又再从十二到十八呢？界，就是一切种类的界限之意。每一个东西都有它的界限，这是木头不是砖头，这是桌子不是椅子，它都有个界限。六根、六尘、六识彼此是有界限的，不可混为一谈。

"无眼耳鼻舌身意"，没有眼耳鼻舌身意的六根，也没有眼耳鼻舌身意的六识。有人说："我们明明不是有眼睛吗？这不是耳朵吗？这不是鼻子吗？怎么会说没有呢？"我们要知道，佛教讲空，不是把它破坏了以后才讲空，在"有"的当下就知道它的本体是"空"。有，是差别、分别的意思，分别心所接触的六尘境界，是不真实的。

怎么叫"无眼界"？夜晚时分，小孩子朝天空一看，欢喜地告诉爸爸妈妈："你看，月亮走得好快哦！"大家用一般的常识来想一想，真是月亮走得很快吗？不是，是云彩在那里飞行。可是小孩并没有想到那是云彩在飞行，只看月亮走很快。有时候，边走边看："奇怪！月亮怎么走得这么快？""月亮怎么还在这个地方呢？"这表示，即使是亲眼看到，也是靠不住的。

看一条路，路的这一头好宽，再往远处看去，路就变得狭小。同样一条路，会有宽度不一的情况吗？不会，那是因为眼睛的错觉。我们喝茶的时候，假如将筷子放在水里面不断搅拌，就会发现，当水还没有完全静止时，看上去，筷子是弯曲的。难道筷子真的是弯曲的吗？不是。可见眼睛所见是会错误的。

亲眼看的靠不住，亲耳听的也靠不住。有人在隔壁唱歌，如果是他最讨厌的人唱的："讨厌！哪一个人唱歌唱得这么大声？"如果是他最喜欢的人唱的："哦！不错，不错，好听，好听。"刚才说讨厌，现在却说好听，可见他心意识的感受并没有标准，而是随着自己的情感在变化。这里面哪有一个真理呢？

有时候我们看太阳，眼睛闭起来，金星缭乱，其实哪里有金星呢？没有。所以眼识所缘的外境，眼识所缘的色尘，所谓眼观色，色就是长短方圆、青黄蓝白，都是靠不住的。又例如患有色盲的人，有时候把黄颜色当做白颜色，把红颜色当做黑颜色。所以，眼睛认识的色，并不是绝对真的。

在《般若心经》里讲："诸法空相，不生不灭，不垢不净，不增不减……无眼耳鼻舌身意。"我们依此类推，眼耳鼻舌身意都是如此。又例如，舌头的感受有什么标准吗？有人觉得辣椒愈辣愈好，"好辣，痛快！"不吃辣椒的人，才吃到一点点，"哎呀！真是辣得不得了。"甚至眼泪、鼻涕都流下来了。所以，味觉也没有一个标准。

有的人，双方一见钟情，欢喜得不得了；但是把这个人介绍给另一个人，他却是讨厌得不得了，连看都不要看。所以大家的看法都是不一样的。因为没有真实，没有标准，没有一定，所以无眼耳鼻舌身意，无色声香味触法，没有六根，没有六尘。

"六根"是我们"主观的感受"，"六尘"就是"客观的境界"。主观和客观，在佛教里面有时候就用"能、所"来说明：能看的眼睛，所看的境界；能听的耳朵，所听的声音；能尝的舌头，所尝的味道。主观和客观交会了，结果并没有标准。

能见的眼睛、能听的耳朵，和所接触的外境、声音，都没有标准。所以《般若心经》告诉我们：这些都是靠不住的。

有人说："我们要靠自己！"有时候那是对的，不过你若是靠错误的自己，靠不正确的自己，就不行了。

没有烦恼的人生

无无明，亦无无明尽，乃至无老死，亦无老死尽。

接下来再讲经典里说的无十二因缘、无四圣谛。

"十二因缘"或"四圣谛"是佛教根本的教义。先前提到的六根、六尘、十二处、十八界还是名相上的分类，而十二因缘是讲人生死的程序：人生怎么从过去到现在，怎么从现在到未来。也就是讲十二因缘的关系。

十二因缘是：无明缘行，行缘识，识缘名色，名色缘六入，六入缘触，触缘受，受缘爱，爱缘取，取缘有，有缘生，生缘老死。我们人生从过去到未来，就是这十二种程序的关系。

我们从何而来？当然一定有个过去的因，不会从天上忽然掉下来。如果我们没有自己生命的本体，父母也不会生养我们。人生从哪里来？无明和行就是这个过去的因。有了过去的因，接着就有现在的果，这个果就是识、名色、六入、触、受和爱。有了爱、取、有，我要爱、我要拥有、我执取，那么就又造下现在的因，然后再感未来生、老死的果报。

"无明"是个什么东西？无明就是"不明白"。真如佛性是明白的，是觉悟的，是出世间的。世间的生命被覆盖着，没有起作用，起作用的是无明。有时候，佛教把无明和真如说成是一个，生死就是涅槃，无明就是真如。有人会困惑："这个太矛盾了，不是说了生死、了生死，怎么又说生死就是涅槃？不是说离无明、离无明，怎么又说无明就是真如？生死怎么会变为涅槃，无明怎么会变为真如？"

举例来说，刚采下来的菠萝，吃在嘴里好酸好涩。把它放着，经过风吹日晒，几天之后再来吃，就变甜了。这个甜是从哪里来的？就是从原本又酸又涩的菠萝，经过和风丽日的洗礼之后，才变甜的。

无明经过修行，就成为真如，成为佛性，所以，无明是生命的本体，是生死的根本。若到了觉悟不生不死的境界，就是涅槃真如做本体了。

涅槃真如是天上生的，还是地上长的？是父母生的，还是诸佛菩萨给我的？都不是，是从当初的无明而来。《大乘起信论》讲"一心开二门"，也就是一个心分成两条路，一个叫作"真如门"，一个叫作"生灭门"。真如和生灭是不二的，也就是空和有是不二的。

觉悟的真如在这个地方，不觉悟的无明在那个地方，本来是两面的，而我们凡夫众生却避开真如，避开觉悟，所谓"背觉合尘"，一直往无明的路上走，这就叫生灭门，也就是生死流转门。

十二因缘，因为无明而行，而生死流转。从无明一直到老死，老死了又再无明，无明又再老死，从过去到现在，从现在到未来，未来又成为过去，永远都是一个环型的状态，也就永远不得解脱。

要想从流转回归还灭，就要从无明说起。所谓"无明"，生命一念不觉，就有生死人我，就有了差别世界。"行"是什么呢？行是行业，我们常讲一句话："哎呀！我前世不知道造了什么业？"这个业就是行为，行为决定一切。世间的苦和乐，真实说来，都不是别人可以给我们的，都是自己的行为决定自己的一切。

经典里有这么一个故事。爸爸对公主说："你应该感谢有我这么一个国王爸爸，穿得好，吃得好，无忧无虑。没有我这个爸爸，你怎么会有这样的办法？"公主说道："爸爸，不是你的关系，现在我这么幸福、这么快乐是我的关系，是我的福德因缘。"这个专制的父王一听，很生气。"你讲这样忤逆我的话，好！我就看看你有多大的福气！"就叫大臣找来一个乞丐，强迫她嫁给一个乞丐，"让你去享受富贵荣华吧！"

这个公主叫善光公主，她嫁给了乞丐之后，一点都不难过，也不伤心，因为在她的思想里，一直有着"自己会有办法的"想法。她对乞丐丈夫说："夫君，你怎么会流落到做乞丐的地步呢？"丈夫说："我还小的时候，家里有万贯家财，但是一把无情火来，把房子都烧掉了，家人都死光了。我那时候年纪小，没有其他能力，只有出来讨饭。"一个讨饭的人，还有什么办法来复兴家业呢？

公主一听，说："你本来不是穷人家的小孩，那么家里的房子烧了之后，土地还在吧？在哪里？""土地有什么用？都是断瓦残垣，都是破瓦片、破砖头。"她说："没有关系，你带我去看一看，我们可以把地犁一犁，种种葡萄，或种种其他什么东西。"回家之后，两人努力地犁地。不犁则已，一犁犁出他父母过去埋藏的黄金、珍珠、宝贝，一下子就发财了，没有多久，高楼大厦又在原地兴建起来了。国王得知此事，心想："真的是如佛陀所讲的，人的罪业要自己承担，福德也是自己享受。"你有多少福德因缘存在银行里，它都会让你自由取用。

什么银行？就是我们的坚牢库，我们的功德宝藏。

不过，若浪费功德，老是透支，宝藏用完了，就要贫穷了。所谓"行"业，自己造作的业，就要自作自受。幸福也是我们自己创造的，苦痛也是我们自己招感的，所以自己对个人的苦乐要负最大的责任。从无明而行业，行业有善恶，然后就有"识"，这个识就是"眼耳鼻舌身意"。

佛教唯识家讲"第八识"，就是我们生命所依的阿赖耶识，又叫作藏识，一切的善恶都在里面，所有行为造下的好与不好，都藏在第八识里面。第八识遇到父母的缘分，就投胎去了，这个生命的识、灵魂就要去投胎了。投胎到母胎里面，就叫"名色"，名是精神，色是物质。父精母血一和合，生命一接触，精神和物质就连在一起了。色，就是物质，也就是人的肉体，名就是精神，就是受想行识，两者和合之后，呱呱坠地，就有了眼耳鼻舌身意"六入"。"六入"又叫六根。

读《金刚经》的人知道："眼耳鼻舌身意，不入色声香味触法。"倘若入色声香味触法，也就是我们的眼耳鼻舌身意去攀缘外在的色声香味触法。六入，就是眼耳鼻舌身意六根，专门和外面的六尘境界打交道。所以六入一和六尘打交道，我们每天就要忙起来了。

眼睛要看，耳朵要听，鼻子要闻，舌头要尝，身体要感触，一天就忙起来了。六入一忙起来，就要去感触。眼睛接触色，耳朵接触声音，有了接触，就有感受，感受到快乐，感受到很美，感受到很欢喜。

无明和行是过去的因，识、名色、六入、触、受就是现在的果。我们由于过去的无明和行，就有了现在的识、名色、六入、触、受的结果，也就是我们现在的人生。我们现在的人生又再制造未来的因缘。制造什么未来的因缘？我"爱"。我爱什么？有的人爱名，为了爱名，又造作了多少善恶业；有的人为了名而做好事，有的人为了名而做坏事。爱什么？爱人，爱金钱，爱感情。感情，有时候让我们成就功德善业，有时候却让我们造下罪业。所以感情不一定是好，也不一定是不好。感情用到好的地方就是好，用到坏的地方就是坏。感情用到好的地方，感情就不是罪恶；不过用得不当，就会制造人间的纠纷。

由爱而"取"而执著。执著什么？执著我爱的人、我爱的房屋、我爱的花朵、我爱的衣服、我爱的学位、我爱的名、我爱的权力，心中呐喊："这是我的，你们都不可以动！"

执取以后就成为"有"，有也是业。把这许多善恶业统统集合在一起，就成为"有"，有了善恶业的因，又要再招感未来的生、老死。死了以后，又再从无明来起，过去、现在、未来，未来、过去、现在，就这样不断地流转。大海里的水汹汹地流着，一江春水向东流，流到哪里去了？它会再流回头的。不回头哪里能维持那么多的水呢？

这十二种叫"缘"，"无明"缘"行"，"行"缘"识"，"识"缘"名色"，"名色"缘"六入"，一个接一个，像接力赛一样地接棒。又例如我们平常烧柴火，一根木柴烧完，再换一根，一根木柴烧完，再换一根……如是烧了几十根，火还是原来的火。这把火，就如同是生命之火，生命之火藉由木柴，一根一根地燃烧下去。虽然一根一根的木柴有所不同，但是生命的火却没有不同，一直延烧下去。

我们的生命一世又一世地轮转不已，形体总是不一样。不过尽管变成张三或叫作李四，身体的薪柴不一样，生命的火却是一样的。生命在"缘"里面，六入缘触，触缘受，受缘爱，爱缘取，取缘有，有缘生，生缘老死，这就是生死流转。所以，生命的现象，是从过去到现在，现在到未来。人生的因缘，主体为因，加上缘，就有结果，即所谓因、缘、果。如果我们不要流转，不要生死，不要轮回，有没有办法？当然有！佛教提出念佛、参禅，种种的修行方法，主要就是要"了生脱死"。

我们读《般若心经》，主要是为了要有般若，证悟般若智慧，超越对待、超越有无、超越生死之外，去认识自己生命的实相，去认识自己的本来面貌。

什么是本来面貌？可叫作般若、真如、佛性、法身、实相……名称尽管很多，可是意义却只有一个。它只是从多种方面来解释我们的本来面貌。等到我们把自己的主人翁认识了，找到自己的老家了，也就认识自己了。当认识了自己的真如般若的时候，烦恼无明也就打破了，无明一灭则行灭，行灭则识灭，识灭则名色灭，接着六入灭、触灭、爱灭、取灭、有灭、生灭、老死灭。老死没有了，烦恼没有了，还灭了，人就解脱了，就回归我们的本来面貌，回到我们的老家了。

佛教的根本道理怎么讲？就是一个圆。从什么地方开始不知道，从什么地方结束也不知道，好比时钟滴滴答答走不完，从一点到五点，到八点、九点、十点、十一点、十二点，又从一点、二点、三点……到十二点。我们的人生就是这样，在生死的圆圈子里转来转去。无明是无始有终，我们的真如佛性是无始无终。我们的本来面貌、我们的生命究竟从哪里来？无始以来就有。那么，生命到什么时候才会结束？没有结束，它就如同时钟的循环，没有开始也没有结束。

无明从无始以来就和真如佛性在一起，有真如佛性就有无明。等于一面光明的镜子沾染了灰尘。但是无明有终，无明烦恼是能去除的，它可以从圆圈子里跳出，超越圆圈，跳出三界，超出因缘果的范围。

假如有人问，你从哪里来？我是爸爸妈妈生养下来的。你爸爸妈妈从哪里来？他们是从祖父母来的。祖父母从哪里来？曾祖父母。曾祖父母从哪里来？高祖父母。往上推，八十代、九十代、一百多代。究竟你是从哪里来的？生物学家讲，人是从细胞组织而来的。那么，细胞从哪里来的？这就不知道了。不管科学家创造什么东西，就是不能创造生命。除了细胞，一定还要有其他的东西组合，才会有生命。

所谓真理，人生从哪里来？就是无明缘行，行缘识，识缘名色，名色缘六入……生、老死，又再无明缘行，行缘识……像时辰钟一样轮回不已。人生在六道轮回里走来走去，永远走不完，哪里是开始、哪里是结束都不能知道。

我们现在来画一个圆圈，在圆圈的中间画一个人，旁边写个生老病死。人生了就会老，老了又得病，病了又死，死了又生，生了又老……生老病死是没有结束的。人没有结束，心也是一样，心就是念头，一个念头升起，停了一下，又再换另一个念头。第二个念头升起，马上又没有了，又再开始了另外一个念头，如是生、住、异、灭。

我们观照自己的心是不是这样的情况：前念升起，我想到我喜欢的人，那么才想到那个人，后面一念又升起，那个人有对不起我的地方。老是想到这些苦恼事，即使不想他，他的影子还是会在脑筋里出现。这颗心就是这样生住异灭，一天到晚转来转去。

心如猿猴，虽然你想用绳子把它扣住，可是它还是在那里蹦跳，一刻都不休息。我们说修行，就是要用佛法的链子来扣住这颗妄动的心。在每日的训练下，一天一天把链子剪短，今天剪短一寸，明天剪短两寸，剪到最后，不需要链子了，它也不再跳动了，心就降伏了。降伏了以后，不用链子它也不跑了。如何降伏其心？就是用这条铁链子来训练！如同耍猴把戏般，我们把自己的心当成猴子，耍自己的把戏。

不只心在一个圆圈里，物也一样。物是什么？物就是成住坏空。桌子、讲台，用了三年、五年，十年，就是用了一百年、两百年，总有一天会坏去。坏去了、没有了，不是空，不是没有，"空即是色"，它又会再造成。

"有"不执著了，却执著一个"空"，也很危险。例如有人说："既然是四大皆空，算了吧，我不要老婆了；反正一切都是空的，我也不要儿子了，管他去！一切都是空的，我也不要功名富贵了；身体是空的，我也不要了，就死了吧。"这不是很可怕吗？佛说，如果众生执著有，有办法救度他们，教育他们；如果众生执著空，就没有办法教，没有办法度了。

有不少的佛教徒为了表示持戒，要到山里面去住茅棚；为了表示苦修，他要穿破烂的衣服。在家信徒也往往欢喜这样的出家人："他在闭关，真了不起！""他不吃饭，只吃水果！""他不吃饭，只有喝水。"不吃饭，只吃水果？那么山里面的猴子不也只吃水果吗？它们跳啊蹦啊，精神还是那么好。不吃饭，只吃水？水里面的鱼不也是天天都吃水，你看，它们的活动力这么强。

有人以为不吃饭就是修行，穿破烂衣服就是修行，住到山里就是修行，闭关就是修行，这倒不一定。自私自利，对佛法没有信心，对一切众生没有大慈悲、大智慧、大般若，我们就不能认定他是一个修行的人。

再看佛陀，他吃饭穿衣都是佛法，行住坐卧都是佛法。《金刚经》里说："尔时，世尊食时，着衣持钵，入舍卫大城乞食，于其城中次第乞已，饭食讫，收衣钵，洗足已，敷座而坐。"或许有的人会起了怀疑——堂堂伟大的《金刚经》，可惜一开始就是讲吃饭、穿衣、走路、洗脚等无聊的日常琐事——他并没有想到其实这就是佛法。

"食时着衣持钵"，是持戒；"入舍卫大城乞食"是布施，到了吃饭的时候，要出去讲说佛法，不讲说佛法就没有人供养；"次第乞已"，是忍辱，次第托钵，尽管所乞得的食物粗劣，也要忍耐。饭食讫,要"收衣钵",还要"洗足已",是精进;"敷座而坐",是禅定。有了布施、持戒、忍辱、精进,禅定,就是般若。

所以,佛陀穿衣吃饭都是般若,都是六度,都在修行。生活里就有般若,生活就是修行;要想离开生活,离开众生,自己一个人去修行,是不可能的。慈航法师有两句话说得很好,"只要一人未度,切莫自己逃了",亦即只要还有一个人没有得度,就不要自己逃走了。

把十二因缘归纳起来,就是三个字:惑、业、苦。起惑,众生因为烦恼,怨天尤人,而造作种种恶业;身心造了业,就要受苦;受了苦就更是烦恼,又再起惑。我们众生就是这样不断地在惑业苦里轮回。假如惑灭了,也就不造业了;不造业,也就不受苦了;不受苦,也就没有烦恼了。

所以,《般若心经》讲"无无明",空里面没有无明,就等于说菠萝里没有酸、没有涩、没有苦。为什么?因为它将来会甜。我们人没有无明,因为无明会结束。"亦无无明尽",也没有了脱无明。为什么呢?

无明本来就不是真我。所谓"不增不减",空不是说先有了一个东西,我们再来空掉它,也不是说先有后空。我们要知道空和有是"不异"、"相即",是不离的。所以我刚才说,宁可以不懂佛法、不懂空而执著"有",也不可以生空见。

佛经有这样两句话："宁可起有见如妙高山，不可起空见如芥子许"。宁可起"有"的见解，有房子、有你、有人、有三宝、有天堂、有地狱、有妻子、有儿女、有功名富贵。"有见"就是如妙高山也不要怕，怕就怕我们起了空见，偏执于空见，即使只如芥子许，也很糟糕。为什么？因为我们离开了"有"谈"空"，就是顽空、断灭空。

"但愿空诸所有，慎勿实诸所无"。我们体会空的什么呢？是空的有，空和有是一起的，不要把思想境界搬挪到断灭的无里面去，那就危险了。

"真空"才得"妙有"

无苦集灭道,无智亦无得。

"苦集灭道"是佛法的纲要,它说明了整个人生的次第,在佛法里叫"四圣谛"(四种真理):第一是苦,第二是集,第三是灭,第四是道。

苦,我和人的苦、我和物的苦、我和欲的苦、我和感情的苦种种,苦的类别很多。"苦"是现在我们正在受的苦。它的原因在哪里?就是"集"。苦是果,集是因,这是世间因果。那么,如果我们要学习佛法呢?修"道"是因,证"灭",证到不生不灭,灭度生老病死,那就是果。道是因,灭是果,这是出世的因果。

当初佛陀第一次向人间宣布真理,就是讲说苦集灭道,也就是佛法的大纲。无论小乘佛法或大乘佛法,都是从苦集灭道引开来，而有三藏十二部经典。

当初佛陀三转四圣谛法轮。什么叫作"三转法轮"呢？第一次转法轮叫"示相转"，第二次转法轮是"劝修转"，第三次转法轮是"作证转"。佛陀是伟大的教育家，他说法的巧妙真是妙不可言！

第一次讲苦谛。初转法轮时，佛陀讲说苦集灭道的苦是"此是苦，逼迫性"。苦的定义是什么？能逼迫身心者是苦。二转的时候讲的苦是"此是苦，汝应知"，就是劝修。第三转的时候讲苦："此是苦，我已知。"我佛陀之所以成佛，是因为我已经知道苦。

第二次讲集谛。初转时说："此是集，招感性。"集，能招感善恶一切，如同吸铁石一般，把好与不好的东西都吸过来了。我们的第八识就叫藏识，如同仓库一样，无论好的、坏的，统统都把它藏到里面去了。业集招感而来，等到将来因缘际会时就受生了。二转时说："此是集，汝应断。"集是烦恼，是业障，你们应该断。三转时讲："此是集，我已断。"

第三次讲到灭谛。怎么三转呢？首先是："此是灭，可证性。"寂灭、真如、涅槃，是可以证悟得道的。第二转是劝修："此是灭，汝应证。"这么美好的世界，美好的境界，你们应该要去证悟。第三转是"此是灭，吾已证"，灭了生死、灭了烦恼的世界是什么，我都已经证得了。

第四次讲道谛。首先说："此是道，可修性。"道是可以修，可以证的。所谓"八正道"，正见、正思维、正语、正业、正命、正精进、正念、正定，是可以修的；"六波罗蜜"是道，"四摄法"是道，都是可以修的。第二转说："此是道，汝应修。"这个道大家都要修。道等于火车的轨道，火车在轨道上行走，就不会危险。道等于国道高速公路，你能依着交通规则在高速公路上行驶，就会很安全。第三转说："此是道，我已修。"这些道，释迦牟尼佛都已经修过了。

所谓"三转十二法轮"，佛陀的教育法一点都不带神奇怪异，其中有程序，有归类，有法则。

"此是苦，逼迫性；此是集，招感性；此是灭，可证性；此是道，可修性"，这是示相转；"此是苦，汝应修；此是集，汝应断；此是灭，汝应证；此是道，汝应修"，这是劝修转；"此是苦，我已知；此是集，我已断；此是灭，我已证；此是道，我已修"，这是作证转。

学佛能有这样的认识，能依这样子的程序，就不会错了。

我们平常讲修行，有苦集灭道，有十二因缘，但是在绝对的真理、般若里，没有苦集灭道，没有十二因缘，真空里不会有一点杂质。

唐朝的李翱李文公问药山禅师："请问禅师，什么是戒定慧？"药山禅师说："我这里没有这许多闲家具，我这里没有戒定慧。"为什么？"因为一有了戒，就要戒除什么；一有了定，就要安定多少的杂乱、散漫；一有了慧，就要作好多好多的解释。戒定慧很麻烦，我这里没有这许多东西。"他真没有吗？有，有般若。般若里面，烦恼不可有，涅槃也不可有。

或许我们会觉得很糊涂，怎么烦恼要去除，菩提也要去除？有固然不可以执著，空也不可以执著？我想起几句很妙的话："乌云可以遮蔽天空，白云一样地可以遮蔽天空；烦恼的乌云可以遮蔽我们的佛性，菩提的白云一样可以遮蔽我们的佛性。你以为没有烦恼，有个菩提就好了吗？那个菩提也不是真菩提。"我再用两句话说明："铁链子可以锁住你，让你不能自由；金链子也可以锁住你，让你不能自由。"铁链子可以锁住你，金链子一样可以锁住你，烦恼的铁链、无明的铁链子，把我们束缚得紧紧的，那么菩提的金链子就不能把我们束缚起来吗？

读到《般若心经》的"无无明，亦无无明尽……无苦集灭道，无智亦无得"。这个"无智"，智是什么？智是般若，而空是连般若都不可以讲的。"亦无得"，说有佛果可证、有佛果可得，也不行。"无智亦无得"，是从否定上来看空，这个不是，那个不是。其实"无智亦无得"就如人家讲的"大智若愚"，不要以为无智就是没有智慧，无智就是真智，无得才是真得。我们的智慧是无分别的智慧，我们的得是无得的得，不要以为无智无得不好，无智无得的境界好得不得了。

有一天，眼睛、眉毛、鼻子、嘴巴在开斗争大会。

先是眼睛提出抗议："我们所在的这个人体不公平，我眼睛最有用，如果我不看的话，什么东西都不能认识，连路在哪里都不知道。眼睛是灵魂之窗，却偏要在那个没有用的眉毛下面，我不服气！"

鼻子也说了："不要说你不服气，我更不服气！人的身体上，鼻子最有用，我负责呼吸，我一不呼吸，大家就死翘翘了。但是偏偏这么有用的鼻子摆在下面，没有用的眉毛摆在上面，我也不服气！"

嘴巴听到了以后，鼓起如簧之舌，大声地叫道："我才是觉得最不公平、最不服气的！我负责说话，不说话，你们什么都不懂；我负责吃饭，不吃饭，大家都活不了。偏偏这么有用的嘴却摆在这么下面！"

就这样你攻击来，他攻击去，最后眉毛实在招架不住了，就说："各位不要吵，不要叫了，我愿意到你们下面来。"

好了！现在眉毛移到了眼睛的下面。眼睛一看，"这不像人！"移到鼻子的下面，"又不像人！"再到嘴的下面来，"更不像人！"怎么办？大家议论纷纷："没有用的眉毛放在上面才像个人，我们还是请它上去吧！"所以，你看它没有用，实际上它还是有大用，因为有它在这个地方才像个人。你以为无用的，它有大用；你以为无得的，无得里面的世界妙得不得了。

前面提到真空实相里"无眼耳鼻舌身意，无色声香味触法，无眼界乃至无意识界"，就是无十八界、无十二处；"无无明，亦无无明尽，乃至无老死，亦无老死尽，无苦集灭道"，就是无十二因缘、无四圣谛。看起来，《般若心经》是在否定佛法所说的十八界、十二处、十二因缘、四圣谛。例如《佛遗教经》里说，佛陀讲的四圣谛是不变的真理，"日可令冷，月可令热"，然而佛说的四谛永远不变。但是现在这个不变的真理，在《般若心经》里却不能让它存在，要无，所谓"无苦集灭道"，唯有"无"才能与真理契合。

无论唯识家讲"心"："三界唯心，万法唯识"；或是般若家讲"空"：这个没有，那个没有；它都不是否定现实的存在，也不破坏现实的存在，而是另外建立"有"，说有空、有唯心、有唯识。它在"有"的上面讲"空"，在"无"的里面讲"空"，在有无之间讲"空"。

《般若心经》非常重要、关键的一句话，叫"无智亦无得"。般若不但要无苦集灭道，连般若智、真空都不准说，因为动念即非，一说出来就不是般若了，一说出来就不是禅了。禅是参悟，如人饮水，冷暖自知；般若的空也是如此，空一旦说出来就不是空了，空是完全实证的境界。

"无"最快乐

> 以无所得故,菩提萨埵,依般若波罗蜜多故,心无罣碍。

"无智亦无得"之后,接着"以无所得故,菩提萨埵"。这句经文很重要,意思是说,我们在谈"无眼耳鼻舌身意",无分别;"无色声香味触法",无动乱的六尘;"无眼界乃至无意识界",没有这么多分别;无十二因缘,没有过去、现来、未来;"无苦集灭道",没有这许多因果关系。"无智亦无得"是这也无、那也无,无到最后,以这个"无所得"而有"菩提萨埵"。

"菩提萨埵"是什么?就是菩萨道。要怎么成为菩萨呢?要以无所得才能到达菩萨道。

有的人会说："最初说无这样、无那样，让我们都感到很害怕，原来无到最后并没有无，还有个菩提萨埵！"山穷水尽疑无路，柳暗花明又一村。《般若心经》给人走到山穷水尽的时候，兴致都没有之时，忽然一个转身，柳暗花明！那个柳暗花明是一个新的人生的开始，"以无所得"开启了一个菩萨道的人生。

这个"无"很好，有心栽花花不开，无意插柳柳成荫，你有心做什么事，有意做什么事，反而不能成功，你无心无意，就能成功了。意思就是，有相、有对待、有执著、有人我，就与真理不相应；无相的、无我的、无对待的，与真理就相应了。

有一对夫妻，二人感情很好，丈夫在兵工厂服务。有一天丈夫在下雪的冬天抱回来一只小狗，跟太太说："小狗在雪地里快要冷死了，我们可怜它，就收养它吧。"为它取个什么名字呢？"从雪地里抱回来的，就叫'雪来'好了。"

雪来渐渐长大了，丈夫每天下班，坐火车回家，一下火车，雪来一定在火车站等候主人。

有一天半夜，雪来的叫声很急。丈夫在兵工厂工作，拥有手枪，于是拿了一支手枪作预备，察看是否有坏人，后来发现，原来是一个小偷来到家里。这个小偷看到他手里有枪，赶紧下跪，说："先生请慈悲，我是第一次偷窃。我的老母亲生病，我们家里很穷，不得办法，只好出此下策偷你的东西。"

夫妇两人给他这么一讲,不但不怪他,还生起了同情心,拿了家里能吃的奶粉、鸡蛋,并且拿了一点钱给他,说道:"你去做小生意,不要做小偷。"这个小偷本以为这下要犯罪坐牢了,想不到这家男女主人对他这么好,于是千恩万谢地走了。事情过去之后,两夫妻也没再把它挂在心上。

后来兵工厂发生爆炸,男主人殉职了,太太没有了丈夫,很伤心,以后怎么办呢?好多人都叫她改嫁,她却不肯。后来,她到了一所学校去教书。一年、两年、三年过去了,狗子雪来仍然每天到火车站接男主人回家,当然是接不到人了,因此,它总是欢喜地去,失望地回来,多少年都是如此。后来大家就替这个狗子改了名字,叫"标准钟",因为它每天到了下午五点就会出现在火车站。

这个太太最初还没有到学校教书的时候,生活很艰难,虽然亲戚朋友给予救济,但总也救济不了那么长的时间。正当困难的时候,来了一个乡下人,牵了头羊,挑了许多菜和鸡鸭来给她,说道:"太太,多少年前到你家里来偷东西的就是我,我想到先生和太太对我这么好,我后来也做了小生意,现在家里经济很好,想到这都是你们赐给我的,所以特地到这里道谢。这是我在乡下种的菜,羊、鸡也都是我自己养的，送给你！"这个太太想：我现在无依无靠，多少的亲戚朋友周济我，最后都为难了，今天意外地得到这么一个人来帮助我，就收下来吧。

后来这个乡下人知道她的丈夫去世了，经常会送来粮食、蔬菜。经过了多少年后，这个太太想：过去我们帮了多少人的忙，但是现在那些人都不睬我们了；这个小偷，是我们无意之间帮了一点小忙的，他现在却回报起来。真是有心栽花花不开，无意插柳柳成荫，没有希望他回报的，反而给予这么大的报答。

说到布施，《般若心经》是继承《金刚经》的思想而来的。《金刚经》里有三十二分，主要的宗旨就是"布施无相、度生无我、生活无住、修行无得"这十六个字。怎么布施？要无相布施。怎么度生？要无我度生。怎么生活？要无住生活。怎么修行？要无得而证。

无，各位想一想，无是什么？无是无限、无量、无边、无上。佛教徒唱的《回向偈》里有"众生无边誓愿度、烦恼无尽誓愿断、法门无量誓愿学、佛道无上誓愿成"这一段，也都是用"无"来形容的。我们常常鼓励一些信了佛但是发心还不究竟、不真实的人发"四弘誓愿"，也就是四种大志愿，度众生、断烦恼、修法门、成佛道。

人生勇猛精进，亦应如此。

舍利弗尊者是一个小乘的圣者，有一次发菩萨心，要"菩提萨埵"。怎么"菩提萨埵"？要无相、无我、无住、无修,才叫作"菩萨"。既然舍利弗发了菩提心,当然就要行菩萨道。

有一个天人为了试验他,变化为一个青年,在路边哭泣。舍利弗一来,问道:"你在哭什么啊?""我不要跟你讲,你是帮不上忙的。""我是一个修行人,专门解救人的苦难,你在哭,一定是心里有苦。我是一个发菩提心、发愿要菩提萨埵的人,你跟我说吧!""我真实地告诉你,我的妈妈有病,医生说她的病没有办法医好,必须用一个有修行的人的眼睛做药引给她吃,才能恢复健康。"

舍利弗一听,说:"很好,我就是修行的人,我愿意布施你一个眼睛,你不要再哭了。"那个青年人说:"那怎么行呢?我拿你一个眼睛,我是要犯伤害罪的,你要给我就自己给我吧!"于是舍利弗用力地挖下了一个眼珠送给他。

那个青年又说:"医生说,右边的眼睛吃了没有用,要左边的眼睛才有效。"舍利弗这一听,心想:"糟糕了,把个右眼布施给你,至少我还有左眼看得到……哎!我刚才怎么没有先问一声,你是要右眼,还是要左眼呢?只能怪自己粗心了。算了,发了菩萨心,要菩提萨埵,一切都要无我、无相、无人,以无才能菩提萨埵。"

"好,左边眼睛你再拿去吧!"

那个青年人拿了眼睛，不但不感谢，放在鼻子上闻过之后，立刻就朝地上一掼，还用脚去践踏。

他说："你这是什么有修行的人，你的眼睛好腥、好臭哦，这怎么能给我的妈妈吃呢？"舍利弗的眼睛虽然已经看不到，但是耳朵还听得到。他心里想："哼！你这个家伙，要眼睛，到哪里去才要得到啊？竟还要有修行的人的眼睛。给你右眼，你说不对，要求左眼；左眼给你了，你又嫌臭，这许多众生真是难度，简直不知好歹！算了，我也不发菩提心了，我也不要证空证无了，我还是做我的小乘人吧。"

这时候佛陀出来了，他说："舍利弗！刚才是天人来试验你，菩萨道难行能行，难忍能忍，你要做菩萨，就要禁得起考验；你要通过考验，就要有真正的'无'。你刚才起嗔恨心，你就是还有'有恩于人'、'有对待'、'有高下'、'有分别的心'，这样怎么能进入菩萨位呢？"舍利弗听了很惭愧。

所以小乘人要发大心，证到无、证到空，并不是那么简单。

"无"，很伟大。

我们在社会上，在家庭里面生活，要如何体会"无"的道理呢？比方说，家里有一些是是非非，人家说你几句、怪你几句，无关紧要，不计较；什么人对你不好、障碍你，不要紧，我无嗔恨、无报复心。因为你把自己安住在"无"里面,所以就很有力量;安住在"无"里面,就会如如不动。若老想着钱、想着名,心里患得患失,就不平安了。有钱、没钱没关系,有地位、没地位没有关系,有儿女、无儿女没有关系,有人对我好、没有人对我好没有关系。凡事我都没关系,我都不要紧,那么我就安住在"无"里面。

无不是没有,一样可以有钱,可以有功名富贵,有朋友,有爱情……在事相上可以有,但是在心上要无,也就是"犹如木人看花鸟,何妨万物假围绕"。农夫在田里立了木头人,鸟怕它,也就不敢来啄食了。但是尽管田里有许许多多的鸟儿、花草,木头人却丝毫不为外境所动摇。

我们在世间的生活,如果有了般若,会怎么样呢?"百花丛里过,片叶不沾身",好像从万花开放的花园里走过来,却一片叶子都没有停留在身上。

深深体会无为、无动、无住、无念的妙处,我们也就常享受无的快乐。

我出家后就没有回过我剃度的常住。几十年前,我从佛教学院毕业,回到我的剃度常住礼祖。我常住上的当家师是我师兄,我一回去,他就找了一间小楼房给我住。因为只有我一人,房间又这么大一个,显得空荡荡的,于是师兄就在我的房间里摆了很多坛子、罐子。我记得他跟我讲:"这个是年货!"就是过年时招待信徒、客人吃的糖果、饼干之类,他用个坛子把它们都封了,封好之后,再用东西盖着,摆放在那里。

我经常会肚子饿,肚子饿了,就下楼来到处转,跑着、转着,就为了等饭吃。虽然我肚子饿,不过我始终没有去开那些罐子。

有一天师兄跟我说:"你很好。""什么很好?"他说:"我摆在你房间里的那些蜜枣、桂圆,你都没有吃。""你摆在我房间的蜜枣、桂圆,你怎么知道我没有吃呢?"他说:"我做了记号。"

这一下我感到好庆幸:阿弥陀佛!假如我吃了,这下还得了吗?在我师兄面前一定要失去人格了。现在想想,师兄也不好,跟自己的师兄弟相处,还做什么记号呢?

我一直不喜欢东西很多,希望东西很少;东西多是拖累,是罣碍,要无才好。或许各位有好多件衣服,现在要外出了,这件衣服、那件衣服不断地挑选着,挑选到最后,却没有一件合适的。其实,并不是没有衣服,而是不中意。人不中意之时,多、有也等于没有。

我们出家人只拥有一件衣服很好,今天在这里,明天到高雄,后天见什么重要人物,都是穿这一件,心无罣碍。

不要以为"无"不好。认为自己很穷,常常没有钱,这个想法是错误的。无钱不穷,无心,对于什么事都没有真心才是贫穷。想一想,哪一样东西不是我们的?山河大地、清风明月都是我们的,虚空宇宙都是我们的,法界是我们的,所以我们不穷。所谓"无",虚空无相,所以能生万物,能有森罗万象。

无心无相,无心就不执著,你是我的爸爸,你是我的妈妈,你是我的儿子、女儿等等,出了家,我不这样着相,那么,天下人就都可以做我的父老兄弟姐妹了。我不执著哪一个位置、哪一件衣服才好,那么处处都是好位置,随意一件衣服都好穿,就能随遇而安。

有一位高峰妙禅师,他在一个山洞里修行。为了不准任何人去探望他,他一上到山洞去就把梯子丢了,所以没人有办法上得去。他一个人住在山洞里,要吃饭了,就从上面把绳子吊下来,拿一点东西果腹充饥。他住在山洞里,头不剃,胡须不刮,衣服不换,也没有水洗澡,更没有个朋友和他谈话。

他在山洞里一住就是多少年。有一天他修行圆满了,有人问他:"你住在洞里,没有水,没有剃头,没有衣服穿,没有东西吃,又没有朋友,怎么过日子啊?""我有一个'无'很好。我不剃头没关系,我心上的烦恼早就没有了;我不洗澡没关系，我心里早就清净了；我没有衣服穿不要紧，我用佛道来庄严身心；没有人跟我谈话没关系，十方虚空、日月星辰、山林里的树木花草，这一切不都是我的道友吗？我没有感觉到缺少，我没有觉得寂寞。"

所以，"以无所得"，就可以"菩提萨埵"了。

日本横滨总持寺有一尊中国大禅师石头和尚的肉身不坏舍利。我去过日本几次，每次都会去顶礼石头和尚。

石头和尚十二岁时就拜禅宗六祖惠能大师做师父，但只亲近了三年的时间，六祖就圆寂了。一个小孩能怎么办呢？石头和尚本来的名字叫希迁，惠能大师要圆寂之前，希迁问他："我出家以为能依靠你，现在你要圆寂了，我这么小，怎么办呢？"

六祖告诉他，你"寻思去"。他以为师父的意思是叫他天天要参禅，要参话头，要思想。从此以后希迁就天天打坐。坐了很久之后，一位老禅师对他说："师父圆寂了，不赶快做点有用的事情，天天在这里呆坐做什么？""我的师父叫我'寻思去'。"老禅师就指点他："不是这个意思，你有一位大师兄叫作青原行思禅师，在青原山（六祖有两个大弟子，一个叫南岳怀让，一个叫青原行思），'寻思'就是叫你去找你的大师兄行思禅师。"于是希迁把二斤半的包包背起来就找师兄去了。

这位师兄也是个开悟的大德。过去禅宗接引学人，人来了都要先给予考试一番。行思禅师看到来了这么一个小师弟，就问他："你从哪里来？"希迁说："曹溪来。""什么叫曹溪啊？""就是你我的师父六祖大师住的地方啊！"

"从这么重要的地方来，那么你在曹溪得到什么东西？"希迁回答说："未到曹溪也未失。"意思是说，我没有到曹溪去，也没有失去什么，我不必要得到什么东西。我本来就有真如佛性，何必到曹溪去得这个东西，我不到曹溪也没有失去什么。

行思禅师再说："既是如此，你何必又要到曹溪去呢？"既然没有失去，你何必要到曹溪去呢？石头希迁下面一句回答得很好，他说："假如不到曹溪，怎么知道没有失去呢？"

真如佛性这个东西不可以说有，也不可以说无，说得什么东西也不对，说失去什么也没有，无得无失。

心的大自由

> 无罣碍故，无有恐怖，远离颠倒梦想，究竟涅槃。

"依般若波罗蜜多故，心无罣碍"，"无罣碍故"，因为无罣碍，也就"无有恐怖"，也就"远离颠倒梦想，究竟涅槃"了。所以，依着"般若波罗蜜多"来修行，会怎样呢？

首先谈心无罣碍。我们的心罣碍太多，因为罣碍太多、负担太重，所以感到很苦。据说过去有一个帝王想要编写一部人类史，找了多少专家学者开会，预备编辑这部人类史。但是这些专家学者天天开会，开了几十年的会，竟然还不知道如何写法。皇帝一直在催促，这许多人实在不得办法了，可总得要应付一下皇帝。怎么应付呢？"人一个字很简单都写不出来,那么就写六个字:人生、人苦、人死。

人出生了之后,就会有苦,就会死,这就是人类史。无论人生也好,人苦也好,人死也好,就只是一个东西,就只是一个罣碍,我们就是心里的罣碍太多,所以患得患失。

日本有一个禅师叫快川禅师。当某地和南边的军阀打仗时,有个泽田县长跑来找快川禅师帮忙;因为快川禅师很有智慧,道行很高,县长要他担任参谋。

县长要逼快川禅师做他的参谋,快川禅师不肯。"你不肯,我就带部队把寺庙包围起来!""就是包围住,我也不肯答应。""不肯,我就放火烧你的房子。"就这样,房子从庙门口开始烧了起来。

里面有好多的修行人,大家就往寺后逃,逃到不得地方逃了,就往屋顶上逃。这时候,快川禅师叫大家坐下来参禅,大家都配合着坐下来。接着,禅师说:"现在请大家参一个问题,在大火里面如何捉犯人?在熊熊大火里,我们要如何来说法布教?如何度众生?"道行不够的人就说:"哎呀!生命都受到威胁了,还要什么说法度众生呢?"禅师说:"有修行的人遭遇危难时,总能很安然,纵使在大火里面,也能先把心定下来。没有罣碍，面对生死，无怖、无惧、无畏，那么我在这里就是说法了。"

所以，快川禅师说道："参！参！参！"要大家赶快参。

"参禅何须山水地，灭却心头火自凉"——参禅哪里一定要找有山有水的地方？山明水秀好修行，这有什么功夫？只要把你心里的罣碍灭却，把你心里的恐怖灭却，把你心里的念头灭却，大火也是清凉的。

所以说过去古代有修养的人，"泰山崩于前而色不变，麋鹿兴于左而目不瞬"，孟子"吾善养浩然之气"。只要灭却心头的罣碍，心里自能清凉。

或许有人说："我还没很深的体验功夫，在这个时刻能怎么做，我也不知道。"我可以说自己的经验。

二十一岁那一年，我在一所国民小学担任校长，无缘无故却被逮捕。几十个人被关在一个地方，往往今天拖两个去枪毙，明天拖一个出去，打得皮开肉烂，再弄个门板把他抬回来。

有一天，他们用绳子把我绑起来，拖着就要走了，一路上，五步一岗，十步一哨。我心想："这不是拖了去枪毙吗？"面临死亡是什么感觉，我有了这一点经验。之后虽然也有多次面临死亡的经验，但是我对于这次的印象特别深。记得当时天上虽有太阳，却觉得昏暗无光；地本来是平的，却感到崎岖不平。但是心里并没有害怕，只是感觉到自己马上就要死了，我什么也没有做，现在就这样死了，师父也不知道，母亲也不知道，人就像水泡一般破灭了，一切就没有了，如此而已。那个时候，我就生起了这种无常的感受。后来才发现，原来不是要枪毙我，只是在走了很远之后，把我换到了另一个地方去关罢了。我很感谢这个经验。

另外还有一次，记得是一九五八年左右，我在北投有一个小房子，取名叫普门精舍。当精舍建好没多久，就来了一个大台风，因为后山的泥土坍塌，把后面的厨房压坏了。那么大一座山，这一坍塌，把房子压坏了没关系，人都压死了，怎么办？

在那个时候，我并没有想到财产的损失，没有想到多么危险，兴起的第一个念头是什么？我没有福气，一定有很多人要耻笑我，"你看星云某人没有福气，好不容易有了一间房子，土塌下来，什么都没有了。"那可真是没有面子了。第一个念头想到的是这个，这还是有"我"，不过心里又再想，这怎么修理？赶快叫人找工人来修。但是已经晚上十点了，有个工人来一看，说："这没有办法修。"这么迟了，要到哪里找工人啊？没办法。更何况这修一下也不是几天的事情，我一看事实如此，只好拜托人明天早一点找工人来修。之后，大家都睡觉去了，也没有想到恐怖，一直睡到第二天天亮，跑到后面探看，才知道状况真是惊险万分，幸好并没有倒塌。

所以，面临危险要镇静。每一个人其实都有这个能力，而佛教则可以训练我们增强力量，增强定力，不让人生天天活在痛苦、恐怖、颠倒、罣碍里头。

心里没有罣碍，有什么好处？有一个老公公，他年轻美貌的女儿生病了，于是找医生看病，却怎么样都治不好。这个老人家爱女心切，就跑来找诚拙禅师帮忙。

"老禅师，拜托替我的女儿看病。"

"我又不是医生，我怎么能替你女儿看病？"

"老禅师，你的法力无边，我只要请你在佛前替我的女儿念念经、消消灾，一定就好了。"

"这样呀，好。你要我替你的小姐念经，要不要讲开示？"

"要。"

"好！黄金一百一十九两，白米一百担，代价就是这么多，你要知道，我的寺庙有很多人要吃饭。"老人家是一个大富翁，什么没有就是有钱："没关系，黄金一百一十九两，给你；白米一百担，也给你。"

"那么就请你把女儿带来跟我见面，我跟她讲讲话吧。"

老公公的女儿来了，禅师说："小姐，你的爸爸为了你，叫我替你念经消灾作福。他给了我一百一十九两的黄金、一百担的白米。这许多钱、许多米拿到我的寺庙里，几百人吃用，至少有四五个人会成佛，至少有十几个人会做菩萨，至少会有二三十个人做罗汉。你们家里的钱财供养了诸佛，供养了诸位菩萨，也供养了诸位罗汉，功德很大，你获得的功德也会很大。因为你的病，我庙里面临的问题都得到解决了，现在你可以安心去死了。"

结果，小姐听了这话以后，心想："我功德很大？那我怕什么？我不应该怕！我还有什么罣碍？正如诚拙禅师讲的，我供养过诸佛，供养过菩萨，供养过罗汉，我功德很大。"就这样，她的病好了。为什么不死呢？原本她怕男朋友不爱她、不喜欢她，怕这个怕那个，心里的罣碍很多，当然就生病；当她不再罣碍了，病也就好了。

我们人生有很多的毛病，从哪里来？从罣碍来的，罣碍会让人生病。平常我们讲疑心病，疑心会让人生病，嫉妒心也会让人生病。我们若能心无罣碍，也就无有恐怖了。

人还有一个毛病，就是"恐怖"，怕没有钱，怕没有地位，怕丈夫不爱我，怕儿女不孝顺，怕钱财给人家收不回，怕货币贬值，存到银行也不放心。有一天恐怖也会成为病。

有的人晚上走路，总是觉得不大对劲，感觉后面好像有鬼跟过来；听到一点声音，就要赶紧快走，却发现，不得了，它走得更快，心里就恐怖起来。假如你能有勇气，就说："站住！让我看一看鬼是什么面目？"其实并没有鬼，鬼在哪里？鬼在我们心里。

世上究竟有没有鬼？我们不要说鬼道的众生是鬼，其实世上的人就是鬼，甚至人比鬼更可怕。人怎么会是鬼呢？打牌的人叫赌鬼，吃酒的人叫酒鬼。好色的人叫色鬼，甚至还有贪财鬼、懒惰鬼。你们看，世上的鬼多不多？多得很。原来鬼是人，人很恐怖！

但是只要我们心直，就不怕鬼。平日不做亏心事，半夜敲门心不惊；站在船头稳，不怕浪来颠。

多不如一，一个空，一个无，就很好了，我们的人生不要贪多。

大家都是佛。过去佛、现在佛、未来佛，佛佛道同。佛的法身遍满虚空，你的心如空，他的心也如空；你的法身自性如虚空，他的法身自性也如虚空；你如虚空，他也如虚空，大家还会互相吵架吗？不会。为什么？就好比这个佛殿里的灯，这一个灯，那一个灯，这里有灯，那里也有灯，把灯统统点亮起来，也不会互相妨碍。为什么？光光无碍，道是无碍的，佛性是普遍无碍的，空是无碍的。

无有恐怖就"远离颠倒梦想"。众生颠倒什么？明明有真如佛性，他不知道，就说无；明明世间没有功名富贵，他偏要认真追求，这就是颠倒了。

我年轻的时候，常有人问我："法师，你年纪这么轻，就吃素、出家了，不能去跳舞，不能去看电影，也不能吃鱼吃肉，你为什么要这么消极呢？好可惜噢！"跳舞、打牌、吃喝玩乐，就叫积极吗？守道、守贫、守德，弘法利生，这就是消极吗？这是一个颠倒的看法。释迦牟尼佛在菩提树下、金刚座上成道，第一个念头是什么？要涅槃。

有人劝请："不行，不行，你要度众生。"佛陀说："我不能度众生。"为什么？"我所证悟的道和世间人所认识的是相反的，他们要的我都说不能要，我叫他们要的，他们都说不要。我说的佛法和他们所言的不一样，他们会毁谤造罪，不能弘法，不能度众生。""你不能这样讲，只是一部分的众生这样，大部分的众生都是因道才能得度的。"正因为天人的劝请，佛陀后来才说法度生。

常有人说："出家人，男的比丘也不结婚，女的比丘尼也不嫁人，不吃肉也不吃鱼，太可怜了，佛法实在太不人道了。"佛法当然不人道，佛法要什么道？要佛道，要出离了人道才能合于佛道。我们贪恋于人道，怎么能进入佛道呢？佛教不是叫每一个人都不要人道，但是有一部分的人要想超越人道而进入佛道，这又有什么不可呢？

有人请仙崖禅师写对联，仙崖禅师说："好！"

于是他拿起笔来写下:"父死、子死、孙死。"

这个人一看大怒:"我请你说好话,你怎么说坏话、难听的话呢?""这怎么会难听?这是好话。父亲死了以后儿子才死,儿子死了以后孙子才死,不这样,难道孙子要先死吗?"所以有人总是颠倒,不肯顺着道理,顺着时光,顺着正常,以为这是不好,其实很好。

唐伯虎也是如此。有一个人的妈妈过八十岁生日,于是请唐伯虎到家里吃饭,吃过饭后,就请他题个诗。唐伯虎写:"这个女子不是人。"唐伯虎说:"好辛苦!倒一杯茶来吃。"这个人就在那里拖延时间,心里想着:"怎么骂我妈妈'这个女子不是人'呢?"但是唐伯虎名气实在太大了,不敢动也不敢讲,只能在心里不高兴:"今天这一餐真是请得冤枉,他不但不赞美人,还骂我妈妈不是人。"

过了好久,唐伯虎又接下去写:"九天仙女下凡尘。""好啊!好啊!"这是当然的,妈妈不是普通人,是九天仙女下凡尘。之后再写:"养个儿子会做贼。"这个人心里又嘀咕了:"莫名其妙,怎么第三句写得这么难听,养了我这个儿子是做贼的?我什么时候偷过人家的东西?"

过了好久,唐伯虎又再写了一句:"偷得仙桃供母亲。""好好好!到天宫里面偷仙桃供母亲,有意义!"

所以,人都活在语言、思维、惯性的颠倒妄想里。说"这个女子不是人",他不高兴,他在颠倒;"九天仙女下凡尘",他很高兴,他在妄想;"养个儿子会做贼",他又不高兴了，颠倒；"偷得仙桃供母亲"，看了真是令人高兴，又是一个妄想。人总是这样，颠倒妄想、妄想颠倒，循环不已，漂溺苦恼。

有位飞锡禅师，一天跟大家闲谈："各位有没有看过人是头南脚北手东西、坐着死？"很多出家人都说看过。"站着死，你们看过没有？""某某地方什么人站到那里死了，这也看过。""头朝下，脚朝上死，你们看过吗？""没有。""那我死给你们看！"于是他头朝下，脚朝上，就死了。寺院里面，人死了是很平常的事，就埋葬了吧；但飞锡禅师死在那个地方，就好像铜柱子一样，搬也搬不动，推也推不开。

飞锡禅师本来叫隐峰禅师，因为姓邓，所以大家叫他邓隐峰。有一次，两边的军队打仗，他跑了上去，大喊："不要打了，不要打了！"两边的军队在打仗，哪里是一个和尚来叫说不要打了就不打了！还是继续打。隐峰禅师有神通，他说："你们还要打呀？好，看我的！"于是他把锡杖朝天空一丢，自己也飞了上去，与锡杖在那里共舞。两边的军队看到和尚在天空中与锡杖共舞，觉得很好玩，也就不再打仗了。所以后来，他就有了"飞锡禅师"的称号。

飞锡禅师连死都要开玩笑。他的妹妹是比丘

尼，接到人家通知她哥哥死了的消息，就赶来了。这个比丘尼妹妹很了不起，她说："哥哥，你在生时装模作样，迷惑人间，现在你死了，也还用这种颠倒妄想来迷惑人吗？"妹妹上前一推，飞锡禅师的身体就倒下来了。

有时候人在思想上颠倒、见解上颠倒、人情上颠倒、语言上颠倒、心理上颠倒，七颠八倒，苦恼逼身，唯有心无颠倒，才能究竟涅槃。所谓"究竟涅槃"，"涅槃"又叫"灭度"。灭，是灭两种障碍，一灭"烦恼障"，二灭"所知障"；度，是度两种生死，一度"分段生死"，二度"变异生死"。

众生的烦恼很多，要把烦恼障灭了才能涅槃。另外，还要灭所知障，亦即智识也要灭，分别的知识也要灭。我们现在虽然在求知识，但是等到我们有了般若智慧，一定也要把这个分别的知识去了、灭了，不然知识也是障碍，"所知障"就是一种执著、成见。

度二种生死，一是度"分段生死"。人死了变成牛，牛又再变成天、人、地狱、饿鬼、畜生，一段一段的生命，叫"分段生死"。二是"变异生死"，就是一个人的生死、进化，在变异中，逐渐地进入佛道，生死去了，慢慢地就可以成道了，无须经过分段。

所谓涅槃者，就是不生不灭的意思；所谓涅槃者，就是不生不死的意思。没有生死了，没有生灭了，没有苦了，我就涅槃了。释迦牟尼佛在菩提树下、金刚座上成等正觉，成等正觉就是证悟涅槃。证悟涅槃，就是证道的意思，不是"死"的意思，况且释迦牟尼佛是证悟涅槃后才度众生的。可是现在的人都把"涅槃"跟"死"摆在一起，什么人死了，就是"得大涅槃"，以为"死"就是个"涅槃"，所以让人看到涅槃就害怕。其实涅槃是不死的生命，完成的人生就叫涅槃。

梦窗国师有四句话："无病是第一利，知足是第一富，善友是第一亲，涅槃是第一乐。"世界上什么最快乐？吃得好、穿得好都不算最快乐，最快乐的是什么？涅槃最快乐。涅槃里没有生死，没有生灭，是完全的人生。涅槃里有四种德：常乐我净。世间不常，涅槃是恒常的生命；世间不是真乐，涅槃是真的快乐；世间没有真我，涅槃里面才是真我；世间没有真正的清净，涅槃里面才是真净。"常乐我净"是涅槃的四德，学佛应该求常乐我净。

三世诸佛，依般若波罗蜜多故，得阿耨多罗三藐三菩提。

"依般若波罗蜜多故"，可以"得阿耨多罗三藐三菩提"，阿耨多罗三藐三菩提是"无上正等正觉心"的意思；依般若、佛道才能"般若波罗蜜多"，才能成佛。

故知般若波罗蜜多，是大神咒，是大明咒，是无上咒，是无等等咒，能除一切苦，真实不虚。故说般若波罗蜜多咒，即说咒曰：揭谛揭谛，波罗揭谛，波罗僧揭谛，菩提萨婆诃。

"故知般若波罗蜜多，是大神咒"，意思就是，担心前面的人对这个"般若波罗蜜多"的道理没有办法明白，那么就教你念这个咒语，意义也和"般若波罗蜜多"是一样的。

"是大神咒"，譬喻般若有极大的力量，神通自在。"是大明咒"，表示般若是光明的，可以照破愚痴。"是无上咒"，般若法门当中没有比它更好的了。"是无等等咒"，没有一法可以和这一个"般若"平等。般若、涅槃都是一样，没有东西能和它平等。

般若"能除一切苦，真实不虚"，"故说般若波罗蜜多咒"，意思是：我现在再给你们一个"般若波罗蜜"的咒语。"即说咒曰"，这个咒语怎么说法？"揭谛揭谛，波罗揭谛，波罗僧揭谛，菩提萨婆诃。"用台湾话讲，就是"走啦！回去啦！"就是去的意思。

"波罗揭谛"，波罗，就是波罗蜜多，就是到彼岸。"揭谛"就是去，就是到彼岸去，到佛国去，到涅槃去。"波罗僧揭谛"，波罗，还是到彼岸的意思。"僧"是大众、和合僧，"揭谛"又是去的意思。整句把它翻译，就是"大众一起来去"。"菩提萨婆诃"，愿证菩提，愿成正觉，希望我们可以很快证得"萨婆诃"。

所以，"揭谛揭谛，波罗揭谛，波罗僧揭谛，菩提萨婆诃"，翻译成白话文就是：去、去，到彼岸去，到佛国去，大家一起来去，愿大众速疾证得正觉的般若。

附 录

《心经》关键词

心

人有好多种心：肉团心、缘虑心、精要心、坚实心。

草木也有心，但跟人的心不一样，草木的心只是一种物理上的反应。"肉团心"，就是心脏，心脏一停，人就不能活命了。"缘虑心"，就是思想、分别的心。它能分别好坏、男女、大小、高矮等。本质是一种妄想，是不实在的分别计量。过去的已经过去，未来的还没有到来，现在的心又是念念不停，所以心常分别而不安。"精要心"，它是指能积聚诸经中所有的核心要义，如《般若心经》积聚《大般若经》六百卷之精要；也是一种有规律的见解，有规律的正见，有正见的认识。

至于"坚实心"，就是具有正见，能见到真理，能见到般若的心——也称"真心",也就是如同金刚般坚固的心。《般若心经》所指的"心",不是草木心、肉团心、缘虑心、精要心,而是坚实心——也就是"真心";是以真心为中心,是整个佛法的心要。

波罗蜜(多)

梵文的惯用语,"事已成办"的意思。在佛学中是指"到达彼岸(了)"的意思。

"六波罗蜜"即是所谓"六度",就是"六种得度的方法",即布施、持戒、忍辱、精进、禅定、般若等到达彼岸的六种方法。

五蕴

又叫"五阴",指色、受、想、行、识。"色"就是身体上物质的部分,"受、想、行、识"是精神的作用。"受"是身心能感受到苦乐,"想"就是思想分别,"行"是行为,"识"就是我们的意识。五蕴指的是"我"就是由"色、受、想、行、识"五种东西积聚而成的,有了物质的身体,便能感受苦乐,产生思想分别,有所行为,产生精神的主体——意识心。《楞严经》所讲述的修行的过程,也就是五蕴境界依序尽除,"生因识有,灭从色除"的次第顺序。

空

缘起性空。"空"里面没有主客相对、因果相续,空里面是本来面貌,不生不灭,不垢不净,不增不减。《般若心经》说"照见五蕴皆空",也就是照见我是空的,就是"无我"。空如水性,有如波浪。空有不二,空中生妙有,所谓"色即是空,空即是色",也就是"以出世的精神做入世的事业"。空就是实相,实相是本体;万物依缘而幻化,若依本体而起,也就是空相。

眼耳鼻舌身意

眼耳鼻舌身意叫"六根",又称"六入","根"就等于现在医学界所说的神经系统。眼根就是视觉神经,耳根就是听觉神经。视觉、听觉、味觉、嗅觉、触觉神经,再加上意识的心理作用,可起分辨的作用,就叫"六根"。

色声香味触法

色声香味触法叫"六尘","尘"有染污、动摇的意思。尘,是物理的作用,六根是我们主观的感受,六尘就是客观的境界。

六识

眼耳鼻舌身意等"六根"会分别形成意识,称为"六识"，分别为：眼识、耳识、鼻识、舌识、身识、意识。

十八界

六根、六尘、六识合起来，叫"十八界"。眼界、耳界、鼻界、舌界、身界、意界，色界、声界、香界、味界、触界、法界，眼识界、耳识界、鼻识界、舌识界、身识界、意识界。《般若心经》文中用简略语法，故称：无眼界，乃至无意识界。

十二因缘

无明缘行，行缘识，识缘名色，名色缘六入，六入缘触，触缘受，受缘爱，爱缘取，取缘有，有缘生，生缘老死；我们的人生从过去到未来，就是这十二种程序的关系。《般若心经》文中用简略语法，故称：无无明，亦无无明尽；乃至无老死，亦无老死尽。

苦集灭道

"苦集灭道"是佛法的纲要，它说明了整个人生的次第，也叫"四圣谛"——四种真理的意思。第一是苦，能逼迫身心者。第二是集，能招感一切善恶。第三是灭，指灭了生死烦恼。第四是道，是可修可证得。集为苦因，道为灭因。

菩提萨埵

　　梵文音译，就是"觉悟众生"之意，中文常简称"菩萨"。要怎么成为菩萨呢？要以"无所得"才能到达菩萨道，有相、有对待、有执著、有人我，就与真理不相应。无相的、无我的、无对待的，与真理相应的，成就了菩萨道。

涅槃

　　不生为"涅"，不灭为"槃"，合起来就是"不生不灭"的意思。如果修行到了觉悟不生不死的境界，那就是涅槃真如做本体了。涅槃里没有生死，没有生灭，是完全的人生——"常乐我净"的境界。

三世诸佛

　　过去、现在、未来合称"三世"，在过去、现在、未来适合的时空，都有佛陀世尊悲悯众生，驻世弘法。因此，"三世诸佛"即泛指过去、现在、未来的驻世佛陀。

阿耨多罗三藐三菩提

　　梵文"无上正等正觉"的音译。"阿"即"无"的意思，而"耨多罗"则为"更高、更上"的意思，"三"为

"普遍、正确"的意思,"藐"则为"位阶"之意,"菩提"则是"觉知、智慧"。"阿耨多罗三藐三菩提"指的是最高觉悟、最高感受的境界,就是修行人所追求的成佛的境界,也译作"无上正遍知"或"无上正道"。

咒

梵语音译"陀罗尼",又名"真言",又名"总持"——总持诸法的意思。是诸佛世尊修行的心法纲要,转为和宇宙"同体大悲"的音声,以发自内心的真诚诵念,会得到佛菩萨的加持,修行大得利益。